O reino de Deus
E SUA JUSTIÇA

Conselho Nacional do Laicato no Brasil – CNLB

O REINO DE DEUS E SUA JUSTIÇA

Cristãos leigos e leigas, sujeitos na política

Dados Internacionais de Catalogação na Publicação (CIP)
(Câmara Brasileira do Livro, SP, Brasil)

O Reino de Deus e sua justiça : cristãos leigos e leigas, sujeitos na política / [organização] Conselho Nacional do Laicato do Brasil - CNLB. -- São Paulo : Paulinas, 2018. -- (Coleção ano do laicato)

Bibliografia
ISBN 978-85-356-4400-5

1. Laicato - Igreja Católica 2. Ministério leigo 3. Missão da Igreja 4. Pastoral - Cristianismo 5. Política - Aspectos religiosos 6. Vida cristã I. Conselho Nacional do Laicato do Brasil - CNLB. II. Série.

18-14371   CDD-253

Índice para catálogo sistemático:

1. Laicato : Ministério pastoral : Cristianismo   253

1ª edição – 2018

Direção-geral: *Flávia Reginatto*
Editores responsáveis: *Vera Ivanise Bombonatto*
João Décio Passos
Copidesque: *Ana Cecilia Mari*
Coordenação de revisão: *Marina Mendonça*
Revisão: *Sandra Sinzato*
Gerente de produção: *Felício Calegaro Neto*
Projeto gráfico: *Claudio Tito Braghini Junior*
Diagramação: *Jéssica Diniz Souza*

Nenhuma parte desta obra poderá ser reproduzida ou transmitida por qualquer forma e/ou quaisquer meios (eletrônico ou mecânico, incluindo fotocópia e gravação) ou arquivada em qualquer sistema de banco de dados sem permissão escrita da Editora. Direitos reservados.

Paulinas
Rua Dona Inácia Uchoa, 62
04110-020 — São Paulo — SP (Brasil)
Tel.: (11) 2125-3500
http://www.paulinas.com.br
editora@paulinas.com.br
Telemarketing e SAC: 0800-7010081
© Pia Sociedade Filhas de São Paulo — São Paulo, 2018

Sumário

Introdução 7

Mensagem do Papa Francisco para a celebração do
51º Dia Mundial da Paz (1º de janeiro de 2018) 9

Papa Francisco e a inserção dos cristãos leigos e leigas
na política 17
Marilza José Lopes Schuina

Amar e educar, a política em ação 33
Rodolfo Medina

Leigos e leigas vivendo a política 45
Carlos F. Signorelli

Leiga como?
Prefeita missionária 69
Izalene Tiene

O leigo e a política no Brasil: há esperança de dias melhores? 81
Luiz Antonio Fernandes Neto

Espiritualidade e acompanhamento
de cristãos leigos e leigas na política 91
Daniel Seidel

As Escolas de Fé e Política no processo de formação
integral do sujeito eclesial e de direitos 107
Luiz Henrique Ferfoglia Honório

"Pai, perdoai porque eles não sabem o que fazem".................121
Emerson Ferreira da Costa

O cristão leigo e leiga e os desafios do trabalho hoje.............129
Marco André Dias Cantanhede

Mandamentos políticos do cristão 143

Sobre os autores 147

Introdução

Em 2016, a Conferência Nacional dos Bispos do Brasil, CNBB, aprovou o que hoje é o Documento n. 105: "Cristãos leigos e leigas na Igreja e na sociedade – Sal da Terra e Luz do Mundo" (Mt 5,13-14).

Nesse documento, dois pontos queremos ressaltar, entre os muitos valiosos ali depositados. O primeiro está no final do documento: a CNBB lançou para 2018 o "Ano do Laicato". Neste ano, que termina na festa de Cristo Rei, em novembro, a Igreja é chamada a pôr em destaque a vocação laical e a atuação dos cristãos leigos e leigas.

O segundo ponto, entre os parágrafos 250 e 273, destaca a presença e atuação dos leigos e leigas como sujeitos, nos areópagos modernos, assim chamados em alusão à presença de Paulo no areópago de Atenas.

Foi tendo em vista esses pontos que chamamos uma dezena de leigos e leigas para escreverem sobre o laicato e a política.

No mundo todo, e não apenas no Brasil, o processo político deixou, há algum tempo, de buscar o bem comum, muito embora talvez possamos dizer que quase sempre ele desviou-se desse objetivo. E num mundo marcado pelo poder total do capital financeiro, que origina uma imensa disparidade entre renda e riqueza, o processo político, os poderes constituídos, inclusive o policial e o judiciário, se veem dominados e controlados para que ajam em função dos poderosos, dos detentores do poder econômico.

Assim sendo, e a partir dessa situação de injustiça, chamamos a palavra da Igreja, no Documento n. 105: "É missão do povo de Deus assumir o compromisso sociopolítico transformador, que nasce do amor apaixonado por Cristo" (161). Não se pode mais imaginar viver o Evangelho na intimidade da vida, ou no escondido do espaço eclesial. Ao contrário, o sofrimento de tantos homens e mulheres, de todas as idades, requer um agir no mundo. E o mundo da política é o campo prioritário daqueles que querem interferir e construir outra forma de viver a economia, a justiça social.

Por isso, pensamos na política nas páginas seguintes. E pensamos na política não só como participação direta nos campos partidários, já que entendemos "fazer política" como uma intervenção em toda a sociedade, na família e mesmo na Igreja.

Há muito espaço para buscar construir o novo. As formas são múltiplas. O que não se pode é fazer de conta que o problema não é nosso, ou que nada podemos fazer.

Ao contrário, os textos aqui reunidos nos dizem que podemos... E devemos!

Mensagem do Papa Francisco para a celebração do 51º Dia Mundial da Paz

(1º de janeiro de 2018)

Migrantes e refugiados: homens e mulheres em busca de paz

Votos de paz

Paz a todas as pessoas e a todas as nações da terra! A paz, que os anjos anunciam aos pastores na noite de Natal,[1] é uma aspiração profunda de todas as pessoas e de todos os povos, sobretudo de quantos padecem mais duramente pela sua falta. Dentre estes, que trago presente nos meus pensamentos e na minha oração, quero recordar de novo os mais de 250 milhões de migrantes no mundo, dos quais 22 milhões e meio são refugiados. Estes últimos, como afirmou o meu amado predecessor Bento XVI, "são homens e mulheres, crianças, jovens e idosos que procuram um lugar onde viver em paz".[2] E, para o encontrar, muitos deles estão prontos a arriscar a vida numa viagem que se revela, em grande parte dos casos, longa e perigosa, a sujeitar-se a fadigas e sofrimentos, a enfrentar arames farpados e muros erguidos para os manter longe da meta.

Com espírito de misericórdia, abraçamos todos aqueles que fogem da guerra e da fome ou se veem constrangidos a deixar a própria terra por causa de discriminações, perseguições, pobreza e degradação ambiental.

---

[1] Cf. Evangelho de Lucas 2,14.

[2] Alocução do *Angelus* (15/1/2012)

Estamos cientes de que não basta abrir os nossos corações ao sofrimento dos outros. Há muito que fazer antes de os nossos irmãos e irmãs poderem voltar a viver em paz numa casa segura. Acolher o outro requer compromisso concreto, uma corrente de apoios e beneficência, atenção vigilante e abrangente, a gestão responsável de novas situações complexas que, às vezes, vêm juntar-se a outros problemas já existentes em grande número, bem como recursos que são sempre limitados. Praticando a virtude da prudência, os governantes saberão acolher, promover, proteger e integrar, estabelecendo medidas práticas, "nos limites consentidos pelo bem da própria comunidade retamente entendido, [para] lhes favorecer a integração".[3] Os governantes têm uma responsabilidade precisa para com as próprias comunidades, devendo assegurar os seus justos direitos e desenvolvimento harmônico, para não serem como o construtor insensato que fez mal os cálculos e não conseguiu completar a torre que começara a construir.[4]

Por que há tantos refugiados e migrantes?

Na mensagem para idêntica ocorrência no Grande Jubileu pelos 2.000 anos do anúncio de paz dos anjos em Belém, São João Paulo II incluiu o número crescente de refugiados entre os efeitos de "uma sequência infinda e horrenda de guerras, conflitos, genocídios, 'limpezas étnicas'"[5] que caracterizaram o século XX. E até agora, infelizmente, o novo século não registrou uma verdadeira mudança: os conflitos armados e as outras formas de violência organizada continuam a provocar deslocações de populações no interior das fronteiras nacionais e para além delas.

---

[3] João XXIII, Carta enc. *Pacem in Terris*, 106.
[4] Cf. Evangelho de Lucas 14,28-30.
[5] Mensagem para o Dia Mundial da Paz de 2000, 3.

Todavia, as pessoas migram também por outras razões, sendo a primeira delas "o desejo de uma vida melhor, unido muitas vezes ao intento de deixar para trás o 'desespero' de um futuro impossível de construir".[6] As pessoas partem para se juntar à própria família, para encontrar oportunidades de trabalho ou de instrução: quem não pode gozar desses direitos, não vive em paz. Além disso, como sublinhei na Encíclica *Laudato Si'*, "é trágico o aumento de migrantes em fuga da miséria agravada pela degradação ambiental".[7]

A maioria migra seguindo um percurso legal, mas há quem tome outros caminhos, sobretudo por causa do desespero, quando a pátria não lhe oferece segurança nem oportunidades, e todas as vias legais parecem impraticáveis, bloqueadas ou demasiado lentas.

Em muitos países de destino, generalizou-se largamente uma retórica que enfatiza os riscos para a segurança nacional ou o peso do acolhimento dos recém-chegados, desprezando, assim, a dignidade humana que se deve reconhecer a todos, enquanto filhos e filhas de Deus. Quem fomenta o medo contra os migrantes, talvez com fins políticos, em vez de construir a paz, semeia violência, discriminação racial e xenofobia, que são fonte de grande preocupação para quantos têm a peito a tutela de todos os seres humanos.[8]

Todos os elementos à disposição da comunidade internacional indicam que as migrações globais continuarão a marcar o nosso futuro. Alguns as consideram uma ameaça. Eu, pelo contrário, os convido a vê-las com um olhar repleto de confiança, como oportunidade para construir um futuro de paz.

---

[6] Bento XVI, Mensagem para o Dia Mundial do Migrante e do Refugiado de 2013.

[7] N. 25.

[8] Cf. FRANCISCO. Discurso aos diretores nacionais da Pastoral dos Migrantes, participantes no encontro promovido pelo Conselho das Conferências Episcopais da Europa (22/9/2017).

Com olhar contemplativo

A sabedoria da fé nutre este olhar, capaz de intuir que todos pertencemos "a uma só família, migrantes e populações locais que os recebem, e todos têm o mesmo direito de usufruir dos bens da terra, cujo destino é universal, como ensina a doutrina social da Igreja. Aqui encontram fundamento a solidariedade e a partilha".[9] Estas palavras propõem-nos a imagem da nova Jerusalém. O livro do profeta Isaías (cap. 60) e, em seguida, o Apocalipse (cap. 21) descrevem-na como uma cidade com as portas sempre abertas, para deixar entrar gente de todas as nações, que a admira e enche de riquezas. A paz é o soberano que a guia, e a justiça o princípio que governa a convivência dentro dela.

Precisamos lançar, também sobre a cidade onde vivemos, esse olhar contemplativo, "isto é, um olhar de fé que descubra Deus que habita nas suas casas, nas suas ruas, nas suas praças (...), promovendo a solidariedade, a fraternidade, o desejo de bem, de verdade, de justiça",[10] por outras palavras, realizando a promessa da paz.

Detendo-se sobre os migrantes e os refugiados, esse olhar saberá descobrir que eles não chegam de mãos vazias: trazem uma bagagem feita de coragem, capacidades, energias e aspirações, para além dos tesouros das suas culturas nativas, e desse modo enriquecem a vida das nações que os acolhem. Saberá, também, vislumbrar a criatividade, a tenacidade e o espírito de sacrifício de inúmeras pessoas, famílias e comunidades que, em todas as partes do mundo, abrem a porta e o coração a migrantes e refugiados, inclusive onde não abundam os recursos.

---

[9] BENTO XVI. Mensagem para o Dia Mundial do Migrante e do Refugiado de 2011.

[10] FRANCISCO. Exortação ap. *Evangelii Gaudium*, 71.

Esse olhar contemplativo saberá, enfim, guiar o discernimento dos responsáveis governamentais, de modo a impelir as políticas de acolhimento até o máximo dos "limites consentidos pelo bem da própria comunidade retamente entendido",[11] isto é, tomando em consideração as exigências de todos os membros da única família humana e o bem de cada um deles.

Quem estiver animado por esse olhar, será capaz de reconhecer os rebentos de paz que já estão a despontar e cuidará do seu crescimento. Transformará, assim, em canteiros de paz as nossas cidades, frequentemente divididas e polarizadas por conflitos que se referem precisamente à presença de migrantes e refugiados.

Quatro pedras miliárias para a ação

Oferecer a requerentes de asilo, refugiados, migrantes e vítimas de tráfico humano uma possibilidade de encontrar aquela paz que andam à procura, exige uma estratégia que combine quatro ações: acolher, proteger, promover e integrar.[12]

"Acolher" faz apelo à exigência de ampliar as possibilidades de entrada legal, de não repelir refugiados e migrantes para lugares onde os aguardam perseguições e violências, e de equilibrar a preocupação pela segurança nacional com a tutela dos direitos humanos fundamentais. Recorda-nos a Sagrada Escritura: "Não vos esqueçais da hospitalidade, pois, graças a ela, alguns, sem o saberem, hospedaram anjos".[13]

"Proteger" lembra o dever de reconhecer e tutelar a dignidade inviolável daqueles que fogem de um perigo real em busca de asilo e

---

[11] JOÃO XXIII. Carta enc. *Pacem in Terris*, 106.

[12] FRANCISCO. Mensagem para o Dia Mundial do Migrante e do Refugiado de 2018 (15/8/2017).

[13] Carta aos Hebreus 13,2.

segurança, bem como de impedir a sua exploração. Penso de modo particular nas mulheres e nas crianças que se encontram em situações onde estão mais expostas a riscos e abusos que chegam até o ponto de as tornar escravas. Deus não discrimina: "O Senhor protege os que vivem em terra estranha e ampara o órfão e a viúva".[14]

"Promover" alude ao apoio para o desenvolvimento humano integral de migrantes e refugiados. Dentre os numerosos instrumentos que podem ajudar nessa tarefa, desejo sublinhar a importância de assegurar às crianças e aos jovens o acesso a todos os níveis de instrução: desse modo, poderão não só cultivar e fazer frutificar as suas capacidades, mas estarão em melhores condições também para ir ao encontro dos outros, cultivando um espírito de diálogo e não de fechamento ou de conflito. A Bíblia ensina que Deus "ama o estrangeiro e dá-lhe pão e vestuário"; daí a exortação: "Amarás o estrangeiro, porque foste estrangeiro na terra do Egito".[15]

Por fim, "integrar" significa permitir que refugiados e migrantes participem plenamente na vida da sociedade que os acolhe, numa dinâmica de mútuo enriquecimento e fecunda colaboração na promoção do desenvolvimento humano integral das comunidades locais. "Portanto" – como escreve São Paulo – "já não sois estrangeiros nem imigrantes, mas sois concidadãos dos santos e membros da casa de Deus".[16]

Uma proposta para dois pactos internacionais

Almejo do fundo do coração que seja esse espírito a animar o processo que, no decurso de 2018, levará à definição e aprovação por parte das Nações Unidas de dois pactos globais: um para migrações

---

[14] Salmo 146,9.

[15] Livro do Deuteronômio 10,18-19.

[16] Carta aos Efésios 2,19.

seguras, ordenadas e regulares, outro referido aos refugiados. Enquanto acordos partilhados a nível global, esses pactos representarão um quadro de referência para propostas políticas e medidas práticas. Por isso, é importante que sejam inspirados por sentimentos de compaixão, clarividência e coragem, de modo a aproveitar todas as ocasiões para fazer avançar a construção da paz: só assim o necessário realismo da política internacional não se tornará uma capitulação ao cinismo e à globalização da indiferença.

De fato, o diálogo e a coordenação constituem uma necessidade e um dever próprios da comunidade internacional. Mais além das fronteiras nacionais, é possível também que países menos ricos possam acolher um número maior de refugiados ou acolhê-los melhor, se a cooperação internacional lhes disponibilizar os fundos necessários.

A Secção Migrantes e Refugiados do Dicastério para o Serviço do Desenvolvimento Humano Integral sugeriu vinte pontos de ação[17] como pistas concretas para a implementação dos supramencionados quatro verbos nas políticas públicas e também na conduta e ação das comunidades cristãs. Essas e outras contribuições pretendem expressar o interesse da Igreja Católica pelo processo que levará à adoção dos referidos pactos globais das Nações Unidas. Um tal interesse confirma uma vez mais a solicitude pastoral que nasceu com a Igreja e tem continuado em muitas das suas obras até aos nossos dias.

Em prol da nossa casa comum

Inspiram-nos as palavras de São João Paulo II: "Se o 'sonho' de um mundo em paz é partilhado por tantas pessoas, se se valoriza o contributo dos migrantes e dos refugiados, a humanidade pode tornar-se sempre mais família de todos e a nossa terra uma real 'casa

---

[17] "20 Pontos de Ação Pastoral" e "20 Pontos de Ação para os Pactos Globais" (2017). Cf. também Documento ONU A/72/528.

comum'".[18] Ao longo da história, muitos acreditaram nesse "sonho" e as suas realizações testemunham que não se trata de uma utopia irrealizável.

Entre eles conta-se Santa Francisca Xavier Cabrini, cujo centenário do nascimento para o céu ocorreu em 2017. Hoje, dia 13 de novembro, muitas comunidades eclesiais celebram a sua memória. Essa pequena grande mulher, que consagrou a sua vida ao serviço dos migrantes, tornando-se depois a sua padroeira celeste, ensinou-nos como podemos acolher, proteger, promover e integrar esses nossos irmãos e irmãs. Pela sua intercessão, que o Senhor nos conceda a todos fazer a experiência de que "o fruto da justiça é semeado em paz por aqueles que praticam a paz".[19]

Vaticano, 13 de novembro de 2017
Memória de Santa Francisca Xavier Cabrini,
Padroeira dos migrantes

Francisco

---

[18] Mensagem para o Dia Mundial do Migrante e do Refugiado de 2004, 6.
[19] Carta de Tiago 3,18.

Papa Francisco e a inserção dos cristãos leigos e leigas na política

Marilza José Lopes Schuina

Introdução

Lembro-me ainda de uma afirmação que Bento XVI fez em seu discurso inaugural na V Conferência Geral do Episcopado Latino-americano e do Caribe, em Aparecida, São Paulo, 2007:

"... E os leigos católicos devem ser conscientes de sua responsabilidade na vida pública; devem estar presentes na formação dos consensos necessários e na oposição contra as injustiças" (DAp, p. 260).

"... Convém preencher a notável ausência, no âmbito político, comunicativo e universitário, de vozes e iniciativas de líderes católicos de forte personalidade e de vocação abnegada, que sejam coerentes com suas convicções éticas e religiosas. Os movimentos eclesiais têm aqui um amplo campo para recordar aos leigos sua responsabilidade e sua missão de levar a luz do Evangelho à vida pública, cultural, econômica e política" (DAp, p. 261).

O Papa Francisco tem abordado o tema com toda a Igreja, e, de modo especial, buscado a interlocução com os fiéis leigos e leigas que exercem responsabilidades na vida pública. Na EG, n. 205, diz o papa:

Peço a Deus que cresça o número de políticos capazes de entrar num autêntico diálogo que vise efetivamente a sanar as raízes profundas e não a aparência dos males do nosso mundo. A política, tão denegrida, é uma sublime vocação, é uma das formas mais preciosas da caridade, porque busca o bem comum. Temos de nos convencer de que a caridade "é o princípio não só das microrrelações estabelecidas entre amigos, na família, no pequeno grupo, mas também nas macrorrelações como relacionamentos sociais, econômicos, políticos". Rezo ao Senhor para que nos conceda mais políticos, que tenham verdadeiramente a peito a sociedade, o povo, a vida dos pobres. É indispensável que os governantes e o poder financeiro levantem o olhar e alarguem as suas perspectivas, procurando que haja trabalho digno, instrução e cuidados sanitários para todos os cidadãos. E por que não acudirem a Deus pedindo-lhe que inspire os seus planos? Estou convencido de que, a partir de uma abertura à transcendência, poder-se-ia formar uma nova mentalidade política e econômica que ajudaria a superar a dicotomia entre a economia e o bem comum social.

Nesse sentido, a religião não pode ser relegada ao intimismo, sem qualquer relação com a vida, sem se preocupar com a promoção social. Muitos são os cristãos de "boa-fé" que dizem que religião e política não se misturam e, chegam, até mesmo, a fazer uma oposição acirrada entre a fé e a vida, Igreja e mundo, com uma mentalidade e prática que dificultam e, até mesmo, impedem a vivência de uma fé integral (cf. CNBB 105, n. 133).

A falta de interesse pela política

Muitos cristãos olham o mundo e se fecham sem um olhar crítico à realidade que os cerca, principalmente com respeito ao mundo da política. Encontramos em muitos o desinteresse à participação, à discussão política e, principalmente, à política partidária.

Na atual conjuntura política brasileira, marcada pelo conflito de interesses da elite brasileira, que acumula poder e fortuna de modo escandaloso, em detrimento dos interesses dos trabalhadores, aumentando a multidão de excluídos, rejeitados, descartados, "a corrupção e a impunidade estão levando o povo ao descrédito na ação política e nas instituições, enfraquecendo a democracia... Os poderes constituídos precisam assumir sua responsabilidade diante da corrupção e da impunidade" (nota CNBB, 21/06/2007).

Em todos os setores da população, especialmente entre os jovens, cresce o desencanto pela política e pela democracia, pois as promessas de uma vida melhor e mais justa para todos os brasileiros não se concretizaram.

Com isso, muitos se fecham no interno da Igreja, esquecendo-se "de que a democracia e a participação política são frutos da formação que se faz realidade somente quando os cidadãos são conscientes de seus direitos fundamentais e de seus deveres correspondentes" (CNBB, Democracia e ética, 2006).

A esse respeito, o Papa Francisco diz:

> ... É preciso prestar atenção à dimensão global para não cair em uma mesquinha cotidianidade. Ao mesmo tempo convém não perder de vista o que é local, que nos faz caminhar com os pés por terra. As duas coisas unidas impedem de cair em algum destes dois extremos: o primeiro, que os cidadãos vivam num universalismo abstrato e globalizante, miméticos passageiros do carro de apoio, admirando os fogos de artifício do mundo, que é de outros, com a boca aberta e aplausos programados; o outro extremo é que se transformem num museu folclórico de eremitas localistas, condenados a repetir sempre as mesmas coisas, incapazes de se deixar interpelar pelo que é diverso e de apreciar a beleza que Deus espalha fora das suas fronteiras (EG, n. 234).

Não podem, portanto, os cristãos leigos e leigas abdicarem da política do bem comum (cf., n. 42). Estar na política é missão própria dos cristãos leigos e leigas, chamados a assumirem essa responsabilidade para que a sociedade seja justa (cf. AA, n. 14).

A justiça é uma qualidade e uma prática do Reino de Deus, instaurado por Jesus.

> À medida que ele conseguir reinar entre nós, a vida social será um espaço de fraternidade, de justiça, de paz, de dignidade para todos. Por isso, tanto o anúncio como a experiência cristã tendem a provocar consequências sociais. Procuremos o seu Reino: "Procurai primeiro o Reino de Deus e a sua justiça, e tudo o mais se vos dará por acréscimo" (Mt 6,33) (EG, n. 180).

> Embora "a justa ordem da sociedade e do Estado seja dever central da política", a Igreja "não pode nem deve ficar à margem na luta pela justiça". Todos os cristãos, incluindo os pastores, são chamados a preocupar-se com a construção de um mundo melhor. É disso mesmo que se trata, pois o pensamento social da Igreja é primariamente positivo e construtivo, orienta para uma ação transformadora e, neste sentido, não deixa de ser um sinal de esperança que brota do coração amoroso de Jesus Cristo (EG, n. 183).

O Concílio Vaticano II e a política

O Concílio Vaticano II afirma a importância da participação política dos cristãos na construção de uma sociedade justa e fraterna, especialmente dos cristãos leigos e leigas. Enfatiza a índole secular que caracteriza o ser e o agir laical, ou seja, a sua vocação própria, que é

> buscar o Reino de Deus, ocupando-se das coisas temporais e ordenando-as segundo Deus. (...) A eles, portanto, compete muito especialmente esclarecer e ordenar todas as coisas temporais, com as quais estão intimamente comprometidos, de tal maneira que sempre se realizem segundo o espírito de Cristo, se desenvolvam e louvem o Criador e o Redentor (LG, n. 31).

> Para estabelecer uma vida política verdadeiramente humana, nada melhor do que fomentar sentimentos interiores de justiça e benevolência e

de serviço do bem comum e reforçar convicções fundamentais acerca da verdadeira natureza da comunidade política e do fim, reto exercício, e os limites da autoridade (GS, n. 73).

... para impedir que a comunidade política se desagregue (...), requer-se uma autoridade que faça convergir para o bem comum as energias de todos os cidadãos (...), que se apoia na liberdade e na consciência do próprio dever e no sentido de responsabilidade (GS, n. 74).

Todos os cristãos tenham consciência da sua vocação especial e própria na comunidade política; por ela são obrigados a dar exemplo de sentida responsabilidade e dedicação pelo bem comum (...). Os partidos políticos devem promover o que julgam ser exigido pelo bem comum, sem que jamais seja lícito antepor o próprio interesse ao bem comum (GS, n. 75).

Comunidade política e Igreja realizam esse serviço para o bem comum de todos, pelo exercício da cooperação mútua.

As Conferências Episcopais Latino-americanas seguem as pegadas do Concílio

Dentre as Conferências, destacamos:

a) Conferência de Medellín, 1968

"Medellín já apontava a necessidade de reforma política para a transformação nas estruturas latino-americanas, a começar pelo exercício da autoridade pública que tem como finalidade o bem comum e não deve favorecer sistemas que favoreçam grupos privilegiados" (cf. Med. 15).

"A autoridade pública tem a missão de proporcionar e fortalecer a criação de mecanismos de participação e de legítima representatividade da população" (Med. 15).

Para propiciar essa participação, "a ação pastoral da Igreja estimulará todas as categorias de cidadãos a colaborarem nos planos construtivos dos governos e a contribuírem também por meio de uma crítica sadia, numa oposição responsável, para o progresso do bem comum" (Med. 21b).

> Os leigos, como todos os membros da Igreja, participam da tríplice função profética, sacerdotal e real do Cristo, em vista da realização de sua missão eclesial. Todavia, realizam especificamente essa missão no âmbito do temporal, em vista da construção da história, "exercendo funções temporais e ordenando-as segundo Deus" (Med. 8). "O que tipifica o papel do leigo, com efeito, é seu compromisso com o mundo" (Med. 9).

b) Conferência de Puebla, 1974

"A política partidarista é o campo próprio dos leigos (GS, n. 43). Corresponde à sua condição leiga constituir e organizar partidos políticos, com ideologia e estratégia adequada para alcançar seus legítimos fins" (n. 524).

Dentre as "realidades temporais, não se pode deixar de salientar com ênfase especial a atividade política. Esta abarca um vasto campo, desde a ação de votar, passando pela militância e liderança em algum partido político, até o exercício de cargos públicos em diversos níveis" (n. 791).

"As formas organizativas de apostolado leigo devem prestar a seus membros ajuda, incentivo e iluminação em seu compromisso político" (n. 810).

c) Conferência de Santo Domingo, 1992

"... Os pastores procuraremos, (...) fomentar a preparação de leigos que se sobressaiam no campo da educação, da política, dos meios de comunicação social, da cultura e do trabalho" (n. 99).

"Criar as condições para que os leigos se formem segundo a Doutrina Social da Igreja, em ordem a uma atuação política dirigida ao saneamento e ao aperfeiçoamento da democracia e ao serviço efetivo da comunidade" (n. 193).

"Recordar aos fiéis leigos que devem influir para que o Estado alcance uma maior estabilidade das políticas econômicas, elimine a corrupção administrativa e aumente a descentralização administrativa, econômica e educacional" (n. 203).

"Orientar e acompanhar pastoralmente os construtores da sociedade na formação de uma consciência moral em suas tarefas e na atuação política" (n. 242).

"Promover e formar o laicato para exercer no mundo sua tríplice função: a profética no campo da Palavra...; a sacerdotal no mundo da celebração e do sacramento...; a régia no universo das estruturas sociais, políticas, econômicas" (n. 254).

d) Conferência de Aparecida, 2007

"Para cumprir sua missão com responsabilidade pessoal, os leigos necessitam de sólida formação doutrinal, pastoral, espiritual, e adequado acompanhamento para darem testemunho de Cristo e dos valores do Reino no âmbito da vida social, econômica, política e cultural" (n. 212).

"É dever social do Estado criar uma política inclusiva..." (n. 410).

Aparecida destaca a necessidade de políticas públicas para atendimento das necessidades dos diversos rostos sofredores: migrantes (n. 414), enfermos, dependentes de drogas (n. 422), pessoas que vivem na rua (n. 408), os presos (n. 430), enfim, a todos os rostos sofredores.

Assumindo com força renovada a opção pelos pobres, Aparecida propõe "uma renovada pastoral social para a promoção humana integral" (n. 399), visando ao bem comum de todos os excluídos e excluídas (n. 402).

Os encontros com os movimentos sociais: aprendendo política com Francisco

Tendo presente os pobres, Francisco assume um propósito de vida e propõe um programa de uma "Igreja em saída", recuperando, assim, a eclesiologia do Concílio Ecumênico Vaticano II e das Conferências Episcopais Latino-americanas: uma Igreja que deve sair de si e converter-se, renovar-se para o pleno serviço ao bem comum, para que haja vida para todos os povos e nações, o povo de Deus (EG, 2013).

Visitando o Concílio Vaticano II e as Conferências Episcopais Latino-americanas, podemos entender melhor a trajetória política de Francisco, suas palavras, seus gestos e ações. Vejamos, por exemplo:

a) I Encontro Mundial dos Movimentos Populares com o papa (2014)

> Este nosso encontro responde a um anseio muito concreto, a algo que qualquer pai, qualquer mãe, quer para os próprios filhos; um anseio que deveria estar ao alcance de todos, mas que hoje vemos com tristeza cada vez mais distante da maioria das pessoas: terra, casa e trabalho. É estranho, mas se falo disto para alguns o papa é comunista. Não se compreende que o amor pelos pobres está no centro do Evangelho. Terra, casa e trabalho, aquilo pelo que lutais, são direitos sagrados. Exigi-lo não é estranho, é a doutrina social da Igreja.

Ao falar da terra, casa e trabalho como direitos sagrados da pessoa humana, Francisco menciona ainda a necessidade de envolvimento e participação de todos para a realização, concretização desses direitos:

Os movimentos populares expressam a necessidade urgente de revitalizar as nossas democracias, tantas vezes desviadas por inúmeros fatores. É impossível imaginar um futuro para a sociedade sem a participação como protagonistas das grandes maiorias e este protagonismo transcende os procedimentos lógicos da democracia formal. A perspectiva de um mundo de paz e de justiça duradouras pede que superemos o assistencialismo paternalista, exige que criemos novas formas de participação que incluam os movimentos populares e animem as estruturas de governo locais, nacionais e internacionais com aquela torrente de energia moral que nasce da integração dos excluídos na construção do destino comum. E assim com ânimo construtivo, sem ressentimento, com amor (II Encontro Mundial dos Movimentos Populares com o papa [2015]).

O papa fala da necessidade de mudança e do que cada um e cada uma pode fazer, *como protagonistas*, para que as mudanças aconteçam:

Se é assim – insisto – digamo-lo sem medo: Queremos uma mudança, uma mudança real, uma mudança de estruturas. Esse sistema é insuportável: não o suportam os camponeses, não o suportam os trabalhadores, não o suportam as comunidades, não o suportam os povos.... E nem sequer o suporta a Terra, a irmã Mãe Terra, como dizia São Francisco.

Queremos uma mudança nas nossas vidas, nos nossos bairros, no vilarejo, na nossa realidade mais próxima; mas uma mudança que toque também o mundo inteiro, porque hoje a interdependência global requer respostas globais para os problemas locais. A globalização da esperança, que nasce dos povos e cresce entre os pobres, deve substituir esta globalização da exclusão e da indiferença (...).

Que posso fazer eu, recolhedor de papelão, catador de lixo, limpador, reciclador, perante a tantos problemas, se mal ganho para comer? Que posso fazer eu, artesão, vendedor ambulante, carregador, trabalhador irregular, se não tenho sequer direitos laborais? Que posso fazer eu, camponesa, indígena, pescador que dificilmente consigo resistir à propagação das grandes corporações? Que posso fazer eu, a partir da minha comunidade, do meu barraco, da minha povoação, da minha favela, quando sou diariamente discriminado e marginalizado? Que pode fazer aquele estudante, aquele jovem, aquele militante, aquele missionário que atravessa as favelas e os paradeiros com o coração cheio de sonhos, mas quase sem nenhuma solução para os meus problemas? Muito! Podem fazer muito. Vós, os mais humildes, os explorados, os pobres e excluídos, podeis e fazeis muito. Atrevo-me a dizer que o futuro da humanidade está, em grande medida, nas vossas mãos, na vossa capacidade de vos organizar e promover alternativas criativas na busca diária dos "3 T" (trabalho, teto, terra), e também na vossa participação como protagonistas nos grandes processos de mudança nacionais, regionais e mundiais. Não se acanhem!

b) III Encontro Mundial dos Movimentos Populares com o papa (2016)

Falando do problema dos refugiados, dos que são obrigados a deixarem sua pátria, sua terra natal, Francisco clama a que todos deem o exemplo e relaciona o tema com *a política e a democracia.*

Dar o exemplo e reclamar é um modo de fazer política, e isto me eleva ao segundo tema que debatestes no vosso encontro: a relação entre povo e democracia. Uma relação que deveria ser natural e fluida, mas que corre o perigo de se ofuscar, até se tornar irreconhecível. O fosso entre os povos e as nossas atuais formas de democracia alarga-se cada vez mais, como consequência do enorme poder dos grupos econômicos e midiáticos, que parecem dominá-las. Sei que os movimentos populares não são partidos políticos, e permiti-me dizer-vos que, em grande parte, é nisto que se encontra a vossa riqueza, porque exprimis uma forma diferente, dinâmica e vital de participação social na vida pública. Mas não tenhais medo de entrar nos grandes debates, na Política com letra maiúscula, e volto a citar Paulo VI: "A política é uma maneira exigente – mas não é a única – de viver o compromisso cristão ao serviço do próximo" (Carta apostólica *Octogesima Adveniens*, 14 de maio de 1971, n. 46).

Ou então esta frase, que repito muitas vezes e sempre me confundo, não sei se é de Paulo VI ou de Pio XII: "A política é uma das formas mais altas da caridade, do amor".

Na relação com a política, o papa alerta os movimentos populares para dois riscos: o risco de se deixarem "arquivar" e o de se corromperem:

> Primeiro, não se deixar amarrar, porque alguns dizem: a cooperativa, o refeitório, a horta agroecológica, as microempresas, o projeto dos planos assistenciais... até aqui tudo bem. Enquanto vos mantiverdes na divisória das "políticas sociais", enquanto não puserdes em questão a política econômica ou a Política com "p" maiúsculo, sois tolerados. Aquela ideia das políticas sociais concebidas como uma política para os pobres, mas nunca com os pobres, nunca dos pobres e muito menos inserida num projeto que reúna os povos, às vezes parece-se com uma espécie de carro mascarado para conter os descartes do sistema. Quando vós, da vossa afeição ao território, da vossa realidade diária, do bairro, do local, da organização do trabalho comunitário, das relações de pessoa a pessoa, ousais pôr em questão as "macrorrelações", quando levantais a voz, quando gritais, quando pretendeis indicar ao poder uma organização mais integral, então deixais de ser tolerados, não sois muito tolerados porque estais a sair da divisória, estais a deslocar-vos para o terreno das grandes decisões que alguns pretendem monopolizar em pequenas castas. Assim a democracia atrofia-se, torna-se um nominalismo, uma formalidade, perde representatividade, vai-se desencantando porque deixa fora o povo na sua luta diária pela dignidade, na construção do seu destino. (...)

Sabemos que,

> enquanto não forem radicalmente solucionados os problemas dos pobres, renunciando à autonomia absoluta dos mercados e da especulação financeira e atacando as causas estruturais da desigualdade social, não se resolverão os problemas do mundo e, em definitivo, problema

algum. A desigualdade é a raiz dos males sociais (Exortação apostólica *Evangelii Gaudium*, n. 202).

Por isso, disse e repito-o,

> o futuro da humanidade não está unicamente nas mãos dos grandes dirigentes, das grandes potências e das elites. Está fundamentalmente nas mãos dos povos; na sua capacidade de se organizarem e também nas suas mãos que regem, com humildade e convicção, este processo de mudança (Discurso no II Encontro Mundial dos Movimentos Populares, Santa Cruz de la Sierra, 9 de julho de 2015).

Também a Igreja pode e deve, sem pretender ter o monopólio da verdade, pronunciar-se e agir especialmente diante de "situações nas quais se tocam as chagas e os sofrimentos dramáticos, e nas quais estão envolvidos os valores, a ética, as ciências sociais e a fé" (Intervenção no encontro de juízes e magistrados contra o tráfico de pessoas e o crime organizado, Vaticano, 3 de junho de 2016). Este é o primeiro risco: o risco de se deixar encaixar e o convite a entrar na grande política.

> O segundo risco, dizia-vos, é deixar-se corromper. Assim como a política não é uma questão de "políticos", também a corrupção não é um vício exclusivo da política. Há corrupção na política, há corrupção nas empresas, há corrupção nos meios de comunicação, há corrupção nas igrejas e há corrupção também nas organizações sociais e nos movimentos populares. É justo dizer que há uma corrupção radicada nalguns âmbitos da vida econômica, em particular na atividade financeira, e que faz menos notícia do que a corrupção diretamente relacionada com o âmbito político e social. É justo dizer que muitas vezes se utilizam os casos de corrupção com más intenções. Mas também é justo esclarecer que quantos escolheram uma vida de serviço, têm uma obrigação ulterior que se acrescenta à honestidade com a qual qualquer pessoa deve agir na vida. A medida é muito alta: é preciso ter a vocação

para servir com um forte sentido de austeridade e humildade. Isto é válido para os políticos mas também para os dirigentes sociais e para nós, pastores. Disse "austeridade" e gostaria de esclarecer a que me refiro com a palavra austeridade, porque pode ser uma palavra equívoca. Pretendo dizer austeridade moral, austeridade no modo de viver, austeridade na maneira como levo por diante a minha vida, a minha família. Austeridade moral e humana. (...).

A qualquer pessoa que seja demasiado apegada às coisas materiais ou ao espelho, a quem ama o dinheiro, os banquetes exuberantes, as casas sumptuosas, roupas de marca, carros de luxo, aconselharia que compreenda o que está a acontecer no seu coração e que reze a Deus para que o liberte destes laços. Mas, (...), todo aquele que seja apegado a estas coisas, por favor, que não entre na política, não entre numa organização social ou num movimento popular, porque causaria muitos danos a si mesmo, ao próximo e sujaria a nobre causa que empreendeu. (...).

Diante da tentação da corrupção, não há remédio melhor do que a austeridade, a austeridade moral, pessoal: e praticar a austeridade é, ainda mais, pregar com o exemplo. Peço-vos que não subestimeis o valor do exemplo porque tem mais força do que mil palavras, mil panfletos, mil "gosto", mil *retweets*, mil vídeos no Youtube. O exemplo de uma vida austera a serviço do próximo é o modo melhor para promover o bem comum e o projeto-ponte dos "3 t". Peço a vós, dirigentes, que não vos canseis de praticar esta austeridade moral, pessoal, e peço a todos que exijam dos dirigentes esta austeridade, que – de resto – os fará sentir-se muito felizes.

Para continuar a conversa...

Em carta ao Cardeal Marc Oullet (2016), Francisco aborda "o indispensável compromisso dos leigos na vida pública dos países latino-americanos".

Inicia a carta falando da necessidade de discernimento, para que a reflexão realizada na Assembleia Plenária da Pontifícia Comissão para a América Latina (10 a 4 de março de 2016 – Cidade do

Vaticano), "não caia no vazio" e não impeça os pastores de servirem melhor a povo de Deus, pois, sem os filhos, um pai não reconhece a si mesmo. O mesmo acontece com os pastores.

O pastor pastoreia o seu povo para o agir. Portanto, certas frases bonitas que em nada apoiam a vida do povo devem ser superadas, como, por exemplo: "é a hora dos leigos". Ocorre que essa hora nunca chega.

Nesse sentido, o fogo profético que impulsiona ao testemunho, principalmente dos leigos e leigas que trabalham na vida pública, não deve ser apagado. Diz o Santo Padre:

> Não é o pastor que deve dizer ao leigo o que fazer e dizer, ele sabe tanto e melhor que nós. Não é o pastor que deve estabelecer o que os fiéis dizem nos diversos âmbitos. Como pastores, unidos ao nosso povo, faz-nos bem nos perguntarmos como estamos estimulando e promovendo a caridade e a fraternidade, o desejo do bem, da verdade e da justiça.
>
> Devemos reconhecer que o leigo por sua própria realidade, por sua própria identidade, por estar imerso no coração da vida social, pública e política, por ser partícipe de formas culturais que se geram constantemente, precisa de novas formas de organização e de celebração da fé.

Em mensagem enviada ao encontro "Participação dos leigos católicos na vida política" (Bogotá, 01-03/12/2017), promovido pela Comissão para a América Latina (CAL) e Conferência Episcopal Latino-americana (CELAM), o papa retoma citações do Magistério, reafirmando o que já disse na *Evangelii Gaudium*, referindo-se à política como "uma alta forma de caridade", um inestimável serviço ao bem comum, ou seja, "a política é, antes de tudo, um serviço". Ressalta o papa que, assim como Jesus deu o exemplo, "eu não vim para ser servido", os políticos devem fazer o mesmo, entregando a própria vida pelo bem comum da sociedade. "É preciso cultivar o verdadeiro senso interior da justiça, do amor e do serviço" (...), para "reabilitar a dignidade da política" (...) e buscar "novas forças políticas, que brilhem pela sua ética e cultura; que façam uso do diálogo democrático; que conjuguem a justiça com a misericórdia e a reconciliação; que sejam solidárias com os sofrimentos e esperanças dos povos latino-americanos".

Diz ainda Francisco em sua mensagem: "Quanto precisamos, hoje, na América Latina de uma política boa e nobre! Quanto precisamos de protagonistas!". Mais uma vez, o Santo Padre ressalta: "a contribuição cristã para a ação política é dada com a missão peculiar dos leigos católicos, no âmbito social, segundo os critérios evangélicos e o patrimônio da Doutrina Social da Igreja".

Sejam, pois, os leigos e leigas, verdadeiros protagonistas da Igreja e do mundo, "Sal da terra, Luz do mundo e Fermento na massa"! Que possamos viver a nossa missão à luz do Evangelho, na construção de um mundo justo e fraterno, de uma sociedade do bem comum.

Bibliografia

CONCLUSÕES DA CONFERÊNCIA DE MEDELLÍN. 1968: trinta anos depois, Medellín é ainda atual? 3. ed. São Paulo: Paulinas, 2010.

CONCLUSÕES DA III CONFERÊNCIA GERAL DO EPISCOPADO LATINO-AMERICANO – PUEBLA. 5. ed. São Paulo: Paulinas, 1983.

CONFERÊNCIA NACIONAL DOS BISPOS DO BRASIL. Cristãos leigos e leigas na Igreja e na sociedade – Sal da Terra e Luz do Mundo (Mt 5,13-14). Brasília: CNBB, 2016.

DOCUMENTO DE APARECIDA. Texto conclusivo da V Conferência Geral do Episcopado Latino-americano e do Caribe. 10. ed. Brasília/São Paulo: CNBB/Paulinas/Paulus, 2009.

DOCUMENTOS DO CONCÍLIO ECUMÊNICO VATICANO II. São Paulo: Paulus, 2001.

EXORTAÇÃO APOSTÓLICA *EVANGELII GAUDIUM* – A ALEGRIA DO EVANGELHO. Documentos do Magistério. São Paulo: Paulus/Loyola, 2013.

IV CONFERÊNCIA GERAL DO EPISCOPADO LATINO-AMERICANO – SANTO DOMINGO. Tradução oficial da CNBB. Petrópolis: Vozes, 1993.

PONTIFÍCIA COMISSÃO PARA A AMÉRICA LATINA. O indispensável compromisso dos leigos na vida pública dos países latino-americanos – Recomendações pastorais – Reunião Plenária, de 1º a 4 de março de 2016 – Cidade do Vaticano. Brasília: CNBB, 2016.

Amar e educar,
a política em ação
Rodolfo Medina

Imaginem que estamos na Grécia Antiga, na Ágora – praça pública, da *polis*, a cidade. Um ambiente de conversas e comércio, onde quem consegue desenvolver melhor seu argumento é aquele que irá vencer tanto na compra e venda de mercadorias como na discussão sobre os temas escolhidos. Estamos cercados de homens e não há mulheres, crianças, imigrantes ou escravos. Conversamos sobre a vida em comunidade, sobre a origem do mundo, ou qualquer outra coisa que nos venha à mente. Ansiosos pelo saber, damos ouvidos àqueles que constroem seus argumentos de forma mais clara, muitas vezes ensinados a fazer isso.

Remetemo-nos à defesa de nossas terras, lembranças do passado onde a força era medida na espada, nas guerras. Pilhagens, conquistas e mortes são assuntos corriqueiros. Buscamos, também, encontrar a melhor maneira de viver em conjunto, nesses vilarejos e cidadelas.

O rei, que outrora era a liderança suprema, perde seu poder após diversos conflitos. A aristocracia, dos grandes proprietários de terras e ricos, é a forma de organização política que temos. E a decisão dos assuntos públicos depende majoritariamente daqueles que souberem melhor defender seus argumentos, apresentados de forma democrática, em busca da melhor maneira de se viver nessa sociedade. O ser humano, para Aristóteles, é um animal político, ou seja, aquele que participa das decisões que acontecem na *polis*, na cidade.

A religiosidade é popular. Todas as pessoas compreendem a relação dos deuses com o cotidiano, embora esses deuses não tenham, em nenhum momento, explicado como melhor viver, e sim criado possibilidades para o entendimento do ser humano. Se as coisas deram certo, é porque fizemos bem os deveres com o deus relacionado àquilo. Se der errado, a culpa também é nossa, por não termos feito de forma positiva a oferenda, a oração ou o trabalho para aquele deus. Na nossa evolução, enquanto seres humanos, fomos separados dos deuses, e por isso temos de sofrer. Somos destinados a trabalhar, procriar e cuidar de nós mesmo. Todavia, podemos pensar e nos organizarmos enquanto comunidade.

Assim conceituamos a maneira que trataremos da política. Leis e decisões são criadas e tomadas por todos os participantes da cidade, chamados cidadãos. Estas estão acima de qualquer religiosidade, figura poderosa ou pessoa. São pensadas e criadas por todos, e devem ser seguidas igualmente por todos. Também fará parte deste nosso universo a possibilidade de nos organizarmos enquanto participantes de um mesmo ambiente, pensando na melhor forma de vivermos em conjunto. A participação política, então, não se irá resumir aos profissionais dessa área, como costumamos tratar, e sim à emancipação que nos dá, enquanto pessoas, a democracia pensada já no mundo grego.

Ainda que possa parecer superficial e utópica, essa ideia de que todos possam ajudar a construir uma sociedade mais justa será a base para nosso diálogo. Entendendo as suas limitações, sobretudo quando se amplia para o macro, para a totalidade do mundo, enfrentaremos essas negatividades buscando trabalhar no micro, no individual, na pequena comunidade de pessoas que nos cercam.

Para nos organizarmos enquanto sociedade, comunidade, grupo ou família, seja ela da forma que melhor compreendermos ser, precisamos de regras. Essas regras são pensadas por aqueles que vivem nesse ambiente, e são chamadas de ética. Na nossa família também há regras, não necessariamente escritas em papel, desenhadas, expostas em um manual. Nos diferentes grupos de que participamos elas igualmente existem, ora construídas oralmente, ora expressadas em escrita. Até no jogo de futebol de várzea dos finais de semana as regras estão presentes e, assim por diante, no trato entre os amigos, no trabalho que se exerce, no bairro onde se vive, na cidade e país que escolheu para morar e na sociedade como um todo. Regras próximas, pequenas, no microconvívio, e regras amplas, sociais, internacionais, no macro. A ética é o valor e a regra comum que abriga a todos em uma determinada época e lugar.

Mas existem outras regras que são seguidas somente por cada um de nós. Aquelas que a gente cria para nós mesmos. E não importa se não tiver ninguém olhando, as cumpriremos com convicção. Essa vivência pode ser chamada de moral. Nesse caso, a moral é influenciada por diversos valores que aceitamos como importantes para nós. Vem da religião que frequentamos; da família que temos; dos ideais políticos que concordamos; dos livros, filmes e peças teatrais que apreciamos; e até do convívio com os amigos que escolhemos para partilhar a vida.

Moral é a prática de um valor que se acredita ser importante. Ética é uma construção coletiva, um tratado de como devemos nos comportar em grupos; ela é pensada por aqueles que ali convivem.

Pessoalmente, a construção da nossa personalidade se dá através do que aprendemos com nossos familiares, sobretudo os primeiros a nos criarem, como, por exemplo, pais, mães, avós e avôs, tias e tios; depois, dos outros círculos de amizades e do envolvimento com a cultura.

Na construção de minha personalidade, nascido em uma família cristã católica, os primeiros valores, que me formaram enquanto cidadão, foram com base nessa fé. Aprendi bastante daquilo que sei a respeito desse assunto nos primeiros anos de vida, na prática de ajudar o mendigo que estava na rua a pedir esmola, enquanto caminhava com a minha avó em direção ao mercado, à padaria ou ao centro de saúde. Aprendi também no convívio com a comunidade religiosa que meus pais escolheram para frequentar. Até que, com o tempo, fui me questionando quem seria esse tal Jesus Cristo de que todos falavam e que diziam seguir. O que ele havia feito de tão importante, a ponto de dividir o tempo em antes e depois dele?

E assim iniciei minha jornada em conhecer a Cristo.

Jesus nasceu em uma região que hoje damos o nome de Palestina, antiga Judá, e por consequência era judeu. Sua primeira comunidade de convívio era formada por pessoas que seguiam uma mesma religião, tinham uma mesma cultura e uma mesma raça. Guardavam o sábado – *sabbath* – para orações e descanso; não comiam carne de porco e circuncisavam os meninos. Seu Deus era chamado de "O Eterno", imortal, invisível e poderoso; deu ao ser humano o livre-arbítrio, ou seja, a capacidade de escolher entre o bem e o mal. Tanto coisas boas como ruins que aconteciam a eles era algo permitido por Deus, e aqueles que se voltassem contra esse Deus eram chamados de pecadores.

Nascido em uma família pobre de Nazaré, Jesus aprendeu desde cedo a religião professada pelos pais, bem como o ofício de seu pai, e convivia com os profetas em eventos religiosos. Um de seus influenciadores foi João Batista, que vivia próximo ao rio Jordão. Os textos que ele teve acesso e os aprendizados que recebeu enquanto criança e jovem estão no Antigo Testamento da Bíblia. Batizado por João Batista, nesse mesmo rio, Jesus passou a ensinar e a pregar a respeito dos ensinamentos que teria partilhado com seu mestre, e também muitos outros, dizendo ser Filho de Deus e enviado para transformar o mundo.

Jesus ensinava utilizando-se de exemplos práticos do dia a dia da comunidade em que vivia. Influenciava aqueles que o seguiam colocando em prática o que aprendeu em seu tempo de adolescência e juventude. Não explicava nada sem contextualizar com o pobre, o excluído, o necessitado. Fazia transformações no convívio, provocando o pensamento; o fazer o bem; o doar-se aos menos favorecidos; o abrir mão de caprichos e assumir a mudança do mundo. Estava à frente de seu tempo, e por isso era questionado por aqueles que se diziam sábios.

Com o tempo, ele conquistou muitos simpatizantes, sobretudo das camadas mais pobres: agricultores, pequenos comerciantes, doentes, mulheres; e era para estes que ele se disponibilizava para conversar, ensinar e partilhar dos momentos. Atraiu também o olhar daqueles que não concordavam com suas histórias, com seu modo de ensinar e de ajudar os outros, colocando-os em local de prestígio. Por esse motivo, as autoridades religiosas e políticas da época acusaram-no de ser criador de problemas e o queriam preso.

Assim, Jesus se tornou um líder religioso, que apresentava uma nova maneira de tratar a religiosidade, a espiritualidade, na partilha e na convivência, observando os mais pobres. E também um líder político, que inflamava o povo a se rebelar contra as opressões dos governantes, dos ricos, mas nunca se envolvendo em manifestações públicas, e sim dando como exemplo o tratar bem as pessoas, sobretudo aquelas que o poder político da época fazia questão de excluir.

Foi preso por dois poderes: o religioso, que não aceitava a pregação de uma nova estrutura de espiritualidade, e o político, que temia ter problemas quando seus ensinamentos tomassem maiores proporções. E, assim, ele foi condenado à pior morte que se poderia ter naquele tempo: a crucificação.

Jesus é o líder religioso de maior influência no mundo hoje. Embora ele não tenha criado uma religião ou uma Igreja, e sim uma maneira de viver, seus primeiros seguidores organizaram sua forma de pensar e constituíram, assim, uma religião.

Religião também é um daqueles grupos que influencia a nossa moral, contribuindo para nossa formação. Também há regras e orientações para aqueles que a seguem. Sua ética é construída pelos seus adeptos e também varia com o passar do tempo. A religião cristã não seria diferente. Ela tem seus valores, que são formadores das pessoas que a seguem, e também suas regras, que determinam o que se pode ou se deve deixar de fazer ao participar desse grupo.

Relacionando, então, política e religião, podemos perceber que essas nunca estiveram separadas. Não deixando de entender política como a prática do cuidado da sociedade em que se vive, e a religião como uma das formas de se construir os seus valores pessoais, mas também de convívio, não é possível desvincular uma da outra. O cristianismo, então, nunca deixou de ser um ato político; um envolvimento com a melhor forma de organizar a cidade; uma possibilidade de transformação do mundo em que se vive. Pautado em preceitos religiosos, mas de cunho social, essa religião me influenciou nas tomadas de decisões e escolhas da vida, sobretudo, no envolvimento com a política.

Não parar nas vagas de estacionamento reservadas aos deficientes, às gestantes ou lactantes e aos idosos é um ato moral, ético e político. Ajudar o cego, o idoso, a gestante ou a criança a atravessar a rua, a subir no ônibus, a encontrar soluções para as dificuldades em uma fila de espera, são atos morais e políticos, pois não existe regra para isso, e quem vai criá-la é cada um de nós. Extrair energia do poste do vizinho; sonegar imposto; comprar produtos roubados ou pirateados; não devolver o troco errado recebido na padaria; e parar em fila dupla, só por alguns minutos, para buscar o filho na escola, são atos antiéticos e políticos, ainda que possam ser morais, se a sua construção pessoal os determinar dessa forma.

Percebe-se, assim, que o envolvimento com o outro é sempre político. Pode ajudar ou atrapalhar o convívio. Pode construir valores ou antivalores, morais ou éticos. Pode influenciar coisas positivas ou negativas. Tudo vai depender de sua escolha pessoal e do envolvimento com outrem.

A todo tempo, somos bombardeados por possibilidades de escolha. Fazemos os julgamentos cabíveis aos nossos afazeres a todo segundo. Uma tomada de decisão errada, e parece que tudo se modifica. Uma possibilidade perdida pode acarretar a mudanças absurdas em nosso viver. O convívio com os outros também se modifica com nossas escolhas, e a influência que o mundo tem em nossas vidas nos faz escolher determinadas atividades.

O ser humano é um animal político, dotado do desejo de conhecer, como dizia Aristóteles. É a medida de todas as coisas, segundo Protágoras. Um ser pensante, para Sócrates e Descartes. Mas que experimenta para conhecer, conclui John Locke. Cheio de desejos e vontades, explicava Kant. E muito complexo para ser delineado em algumas linhas.

E, levando em conta as situações de convívio que se encontram com esse emaranhado de possibilidades humanas, também podemos perceber que dificilmente encontraríamos uma só oportunidade de convívio. E é nesse ponto que mora a maior dificuldade. Como seria então a melhor maneira de fazer política? A melhor possibilidade de construir em conjunto uma sociedade? Não pretendo responder a estas perguntas, pois as respostas vão ao infinito, mas demonstrarei algumas das possíveis formas de se fazer mudanças sociais, acreditando nesse Cristo antes apresentado, professando a fé católica e envolvendo-se com a política na amplitude estudada desde a Grécia.

Optar por não ouvir som alto e atrapalhar os vizinhos é um ato político. Se amo o próximo como a mim mesmo, não farei a ele aquilo de que não gostaria que fizesse comigo. Em pequenas escolhas, como essa dada por exemplo, se pode perceber toda a grandeza de buscar partilhar a vida como Cristo ensinou. O outro não é um desconhecido somente, é alguém que também participa desta vida, divide o mundo conosco, tem problemas e dificuldades, e também alegrias e vontades. Ver no outro a sua semelhança, e esta com a de Deus, é um ato político.

Mas só isso não basta para alguém que segue um preso político, uma pessoa que mudou a história. Então, o envolver-se com alguma causa também é um ato político e cristão, quando essa causa está voltada aos menos favorecidos. E quem são esses menos favorecidos hoje em dia? São, por exemplo, as mulheres, que ainda não recebem salários compatíveis com os dos homens, mesmo que cumpram a mesma função numa empresa; que, por diversas vezes, são culpadas pela indisciplina dos filhos, pela falta de alimento em casa, pela roupa suja ou sem passar. Fazer a diferença na vida delas, por exemplo, pode significar uma mudança nesse paradigma.

Homossexuais e transexuais têm sido assassinados somente porque outros não concordam com sua orientação sexual. São excluídos da sociedade por aqueles que se acham no direito de julgar e de sentenciar sobre a vida do próximo. A tolerância e o respeito às diferenças é uma exigência do convívio social, do direito do cidadão e da fé cristã. O amor ao próximo é universal; um imperativo que não pode excluir ninguém. Isso é um ato político e cristão. O amor ao próximo como a si mesmo não tinha vírgulas nem porém.

Racismo e xenofobia são outros exemplos de minorias que são privadas de seus direitos por conta de pessoas que se julgam superiores. Estar no meio deles e fortalecer as discussões a respeito também fazem parte de um ato político e cristão.

Minhas batalhas políticas se iniciam em meu próprio ambiente familiar, onde aprendi desde pequeno a ajudar um mendigo na rua, a dar espaço para uma senhora sentar no ônibus e a não faltar com respeito aos mais velhos. São políticas porque fazem parte do meu convívio nesta sociedade, e são cristãs porque absorvem todo o amor que se pode ter para com o estranho, o outro, o próximo, ou como preferir chamá-lo.

Tive, por diversas vezes, oportunidade de tomar café ou almoçar com alguém que me pedia dinheiro na rua. Incomodado, não conseguiria somente dar alguns trocados que me sobravam, algumas moedas esquecidas no console do carro. Era necessário partilhar daquele momento, da comida, mas também da possibilidade de aprender. Conheci pessoas maravilhosas assim, e que depois nunca mais voltei a encontrar. Às vezes, conversava com andarilhos, que me explicavam que não se podiam alojar em um bairro só, com medo de ser incriminado por qualquer ato ruim que viesse a acontecer por ali, outras vezes, com jovens aventureiros, que, entre uma apresentação de malabares ou outra, nos semáforos, paravam para uma conversa, uma partilha.

Essa pobreza está expressa desde os Evangelhos, e não notá-las seria um ato de pura blasfêmia. Se é aos pequenos que se deve amparar para fazer algo para Deus, então é assim que a gente tem que agir, politicamente. Ainda que pareçam pequenos gestos, podem fazer muita diferença na vida dessas pessoas e representar algo importante na própria vida também.

Outra forma de ser político de forma cristã é o envolvimento com o ensino. Desde a escolha pela faculdade, até pelo trabalho, a opção pelos menos favorecidos está presente. Poder partilhar aquilo que se sabe, mesmo enfrentando muitas dificuldades, é um ato político. No ensino público, então, necessita-se um pouco mais de força para conseguir superar as mazelas. O que motiva é poder dividir a vida com aqueles que já são, muitas vezes desde o ventre de suas mães, excluídos da sociedade.

Não há ato mais humano do que o ato dos professores e professoras deste nosso país. Lidar com dezenas de alunos em salas quentes, malventiladas, com baixa luminosidade, ganhando salários pífios, é um ato humano. Perceber no outro a possibilidade de uma transformação de vida: da própria, em primeiro lugar, mas, se acolhido, também do estudante, é um ato político. Relacionar-se é um ato político. Partilhar ensinamentos também o é. Envolver-se com as lutas dos mais pobres, dos excluídos da sociedade. Lutar com as forças que se tem, com os saberes que se tem, com as possibilidades que se tem, com a vontade que se tem.

E ser cristão nesse ambiente é possível? Se levarmos em conta a escolha pelos menos favorecidos, e o amor que se pode partilhar com essa possibilidade, sim, é possível. Mas não ser aquele tipo de cristão que fica na praça, que ergue a Bíblia e fica gritando. E, sim, o cristão que acolhe, ama, ajuda, levanta, aprende, se modifica, erra, tenta de novo, perdoa, sofre junto. Não é fácil. Mas é possível. Ser cristão é fazer tudo isso com amor, com olhar carinhoso, é partilhar; não tolo, mas esperto.

Assim eu vou fazendo política. Convivendo com aqueles que estão sedentos de vontade de aprender, mas, às vezes, perdidos pelo ofuscar do fetiche das mercadorias. Ansiosos por saber das coisas, por conseguir escrever, ler, somar, pensar, todavia, muitas vezes com fome de justiça, tendo por desejo sentar também numa carteira adequada, ter uma merenda descente, materiais que possibilitem o aprendizado.

É nesse tipo de contradição do ensino público que mais me vejo envolvido política e cristamente. Claro que não é, nem teria pretensão de o ser, um exemplo a ser seguido por todos. Cada um tem sua vida a ser construída. Mas é uma das possibilidades que se pode encontrar para viver o Evangelho de forma política.

Em qualquer lugar que quiser se envolver, se tiver mais pessoas, será um ato político. Se nestes ambientes conseguir levar amor, partilha e auxílios, será também um ato cristão. O importante é continuar acreditando que é possível manter acesa a chama de Cristo. Negar a tudo isso é o pior que se pode fazer. Aprofunde-se, movimente-se, acolha, ore, sofra junto, transforme, sonhe e ame. Nada mais importa!

Bibliografia

BETTO, Frei. BOFF, Leonardo. *Mística e espiritualidade*. 2. ed. Petrópolis: Vozes, 2014, p. 43-128.

BLAINEY, Geoffrey. *Uma breve história do Cristianismo*. 1. ed. São Paulo: Fundamento Educacional, 2012, p. 16-41.

HISTÓRIA DA FILOSOFIA. São Paulo: Nova Cultura, 1999, p. 15-23. (Coleção Os Pensadores.)

O LIVRO DA FILOSOFIA. Trad. Douglas Kim. 11. reimpr. São Paulo: Globo, 2011.

Leigos e leigas vivendo a política

Carlos F. Signorelli

Introdução

Muitos cristãos e cristãs olham o mundo, não gostam do que veem, e têm a tendência de se fechar nas palavras do Evangelho. "A mim me basta a Palavra de Deus", dizem. Mas, como afirmaram os bispos latino-americanos em Puebla, a pretensão de anunciar um Evangelho sem conexões econômicas, sociais, culturais e políticas, no fim das contas, equivale a certo conluio – embora inconsciente – com a ordem estabelecida. Muito embora seja verdade que devemos – todos os que professam a fé cristã – ter um olhar crítico, e cada vez mais crítico, às realidades que nos cercam, é um erro nos fecharmos, ou não querermos ver o que nos cerca, ou afirmarmos que o Evangelho é a resposta para tudo. Os cristãos não podem fazer como Pilatos: lavar as mãos. Como disse Francisco a estudantes que o visitavam: "devemos implicar-nos na política, porque a política é uma das formas mais elevadas da caridade, visto que procura o bem comum".

Entretanto, a coisa não é fácil. Diríamos, mesmo, que é a atividade mais laboriosa, difícil, e cheia de percalços. O mesmo Papa Francisco, levando isso em consideração, disse aos mesmos estudantes:

> Os leigos cristãos devem trabalhar na política. Dir-me-ão: não é fácil. Mas também não o é tornar-se padre. A política é demasiado suja, mas é suja porque os cristãos não se implicaram com o espírito evangélico.

É fácil atirar culpas... mas eu, que faço? Trabalhar para o bem comum é dever de cristão.

Há, claro, uma imensa diferença entre os trabalhos pastorais, as ações "intra-eclesia" e o trabalho de inserção no mundo. Em verdade, as chamadas "realidades terrestres" têm sua estrutura própria, possuem autonomia, como nos disse a Constituição Pastoral *Gaudium et Spes*:

> Se por autonomia das realidades terrenas se entende que as coisas criadas e as próprias sociedades têm leis e valores próprios, [...] é perfeitamente legítimo exigir tal autonomia. [...] Por esta razão, a investigação metódica em todos os campos do saber, quando levada a cabo de um modo verdadeiramente científico e segundo as normas morais, nunca será realmente oposta à fé, já que as realidades profanas e as da fé têm origem no mesmo Deus (*Gaudium et Spes*, 36).
>
> (...) embora o progresso terreno se deva cuidadosamente distinguir do crescimento do reino de Cristo, todavia, na medida em que pode contribuir para a melhor organização da sociedade humana, interessa muito ao Reino de Deus (*Gaudium et Spes*, 39).

Mesmo o Papa João Paulo II nos mostra a importância do agir cristão no mundo, principalmente o da política, mas sempre a partir do Reino de Deus trazido e vivido por Jesus de Nazaré. Este ilumina os passos, mostra o bem ou o mal que afastam o mundo e o humano dos desejos de Deus, bem como revela o reto caminho para o bem comum. A partir dos valores do Reino que nos iluminam e são colocados à frente de nosso agir,

> ... notam-se melhor as exigências de uma sociedade digna do homem, são retificados os desvios, é reforçada a coragem do agir em favor do bem. A esta tarefa de animação evangélica das realidades humanas

estão chamados, juntamente com todos os homens de boa vontade, os cristãos, e de modo especial os leigos (*Centesimus Annus*, 25).

Por isso, insistindo junto aos fiéis leigos e leigas, o mesmo pontífice nos diz, em sua Exortação apostólica *Christifidelis Laici*:

> Os fiéis leigos não podem absolutamente abdicar da participação na "política", ou seja, da múltipla e variada ação econômica, social, legislativa, administrativa e cultural, destinada a promover orgânica e institucionalmente o bem comum (cf. 42).

A necessidade das ciências humanas e sociais

Entretanto, um problema se apresenta cada vez mais claro entre aqueles e aquelas que vão para o mundo da política, em nome de sua fé. Agem naquelas instâncias como se estivessem em sua comunidade, em sua celebração ou culto. Buscam, quando sérios e consequentes, viver como nos espaços intraeclesiais.

Mas, para assumirmos o agir cristão na sociedade, temos que conhecê-la por dentro, conhecer a forma como as coisas se dão, conhecer os agentes que a constroem e a forma como o fazem, conhecer os mecanismos muitas vezes inconscientes que a movem, seus interesses, inclusive os interesses das diversas classes que a compõe. Se quisermos, a partir de nossa fé, agir como cristãos no tecido humano da sociedade, em busca do bem comum, então é necessário saber quais são os mecanismos da realidade concreta que desejamos transformar, em nome mesmo da Palavra de Deus encarnada em Jesus Cristo.

E, para ter a verdadeira noção desses mecanismos das realidades terrestres, temos que recorrer às ciências humanas e sociais. Não se deve procurar no Evangelho a pista para a existência de mecanismos de opressão e exploração em determinada cultura ou sociedade, e nem se deve perguntar a ele quais são esses mecanismos. O Evangelho aponta o que é a vida que Jesus veio trazer, e reflete os mecanismos de opressão política, econômica, cultural, social e religiosa da época de Jesus. É verdade que esses mesmos mecanismos de opressão continuam existindo, mas têm outro rosto: o rosto da civilização e da cultura, da política e da economia das sociedades em que vivemos.

O Evangelho, através da prática e das palavras de Jesus, condena toda e qualquer opressão, todo e qualquer ataque à vida em plenitude que ele veio anunciar. Mas cabe a nós, com as ciências humanas e sociais de que dispomos, a filosofia, a sociologia, a economia, descobrir o que oprime e explora o homem e a mulher de hoje, dar-lhe nome, estudar as formas de vencê-lo, derrotá-las, ultrapassá-lo, rumo àquilo que, em linguagem evangélica, Jesus chama de Reino de Deus.

> Se não me dou conta dos mecanismos de opressão que produzem a pobreza em minha realidade e atribuo a causa desta à vagabundagem dos pobres, dificilmente chegarei a tomar consciência da dignidade do pobre e do amor preferencial de Deus por eles, ainda que este amor se baseie antes de tudo no fato de serem necessitados e sofredores. Por sua vez, ao ter consciência do amor preferencial de Deus pelos pobres, torna-se difícil aceitar uma interpretação da realidade que não se funde em uma aproximação solidária que leve a ver o mundo a partir de sua ótica, permitindo então a descoberta dos mecanismos de opressão ou exclusão que geram a pobreza.[1]

A partir do amor da Igreja pelos pobres, imitação e atualização do amor de Deus, sejam os aspectos dinâmicos da Doutrina Social da Igreja, sejam seus princípios e valores permanentes, eles constituem o marco fundamental para o julgamento, à luz da fé, da realidade, tendo em vista uma opção político-partidária.

---

[1] ANDRADE, P. F. C. *A participação política dos cristãos: critérios teológico-pastorais.*

O poder-serviço como agir ético

Infelizmente, quase sempre encontramos desinteresse e até ojeriza à participação, à discussão política ou, com muito mais dificuldade, à política partidária. E não é de se estranhar.

No interno da Igreja, buscamos viver uma relação fraterna, de diálogo e de serviço. Quando ocupamos um cargo em qualquer instância da vida eclesial, sempre o fazemos para servir mais e melhor, gratuitamente, desinteressadamente. Já na vida política, o que marca o dia a dia é o conflito, quer seja o conflito de interesses, quer seja o conflito ideológico. Mas é sempre um embate.

O poder sempre gerou corrupção. Mas, no atual momento histórico, o poder político tem sido presa fácil do imenso poder econômico das grandes corporações. Estas chegam a possuir riquezas muitas vezes maiores do que a quase totalidade dos países. Com esse poder, elas compram os que exercem qualquer poder político, incluindo o próprio judiciário, incluindo desde os funcionários subalternos até os que despontam nos altos cargos. E isso não se dá apenas nas incipientes democracias dos chamados países subdesenvolvidos, mas também nas velhas democracias europeias.

Não é difícil juntar poder político e corrupção. E, por isso, é fácil acusar todos e todas que assumem cargos políticos, e, com isso, gera-se certo afastamento dos cristãos desse campo. E aqui se deve ter um grande cuidado: determinados agentes políticos posam de moralistas, muitas vezes com o apoio da mídia, para alavancarem sua ascensão no processo político. De certa forma, são corvos que se postam de pombas.

No nosso agir como cristãos, não podemos prescindir do imenso problema da corrupção que assola o Brasil. Nada mais fácil do que se fechar no interno da Igreja. Afinal, diz-nos Aparecida, o recrudescimento da corrupção na sociedade e no Estado, envolvendo os poderes legislativos e executivos em todos os níveis, alcançando também o sistema judiciário que, muitas vezes, inclina seu juízo a favor dos poderosos e gera impunidade, o que coloca em sério risco a credibilidade das instituições públicas e aumenta a desconfiança do povo, fenômeno que se une a um profundo desprezo pela legalidade (DAp, 77).

Mais que isso!

São frequentes as denúncias de corrupção em várias instâncias dos Três Poderes. Cresce a indignação ética diante da violação de valores fundamentais para a sociedade. A ambição desmedida de riqueza e de poder leva à corrupção. A denúncia do profeta Isaías vale também hoje: "eles gostam de subornos, correm atrás de presentes; não fazem justiça ao órfão e a causa da viúva nem chega até eles" (Is 1,23). Por isso, as palavras do apóstolo Paulo são apropriadas para este momento: "Não te deixes vencer pelo mal, mas vence o mal com o bem" (Rm 12,21). A corrupção e a impunidade estão levando o povo ao descrédito na ação política e nas instituições, enfraquecendo a democracia. A crise, decorrente da falta de consciência moral, é estimulada pela ganância e marcada pelos corporativismos históricos, que utilizam as estruturas de poder para benefício próprio e de grupos. Os empobrecidos são os mais prejudicados com o desvio das verbas públicas. Os poderes constituídos precisam assumir sua responsabilidade diante da corrupção e da impunidade (CNBB, Democracia e ética).

No Brasil, também se deve incluir parte de sua burocracia, seu aparelho policial, bem como devemos olhar para os inúmeros exemplos a mostrar que a própria população, vivendo nesse clima, também entende que pode participar dos escaninhos construídos pela corrupção.

Mas é importante afirmar duas coisas: nem todos os que exercem cargos políticos são corruptos e deve estar aí uma das diferenças do agir cristão na política. Afinal, duas coisas contribuem para que a corrupção esteja no nível atual: a redução da democracia ao seu modelo representativo, que se constitui mais de ritos vazios, e o uso do poder político como poder pessoal e não como poder-serviço.

Além disso, como nos diz o Documento de Aparecida:

> Em amplos setores da população, e especialmente entre os jovens, cresce o desencanto pela política e particularmente pela democracia, pois as promessas de uma vida melhor e mais justa não se cumpriram ou se cumpriram pela metade (DAp, 77).

Nesse sentido, esquece-se

> de que a democracia e a participação política são fruto da formação que se faz realidade somente quando os cidadãos são conscientes de seus direitos fundamentais e de seus deveres correspondentes (DAp, 75).

É grande o perigo em que nos encontramos, mormente hoje, quando vivemos num mundo em desencanto com tudo, inclusive e principalmente com o processo político, o que faz com que nos afastemos e nos desinteressemos pelo agir político-social. E por que isso é perigoso?

O perigo se encontra no fato de que, ao nos desinteressarmos, ao nos negarmos a discutir o processo político, ao nos desinteressarmos do agir político e como políticos, deixamos as portas abertas exatamente àqueles e àquelas que constroem a política do poder-pelo-poder, do é-dando-que-se-recebe, da corrupção, da opção pelos ricos e afortunados.

O Concílio Vaticano II insiste na importância da participação política dos cristãos na construção da sociedade justa e fraterna e confirma essa participação como um serviço. Na Constituição *Pastoral Gaudium et Spes*, os bispos conciliares insistem em que: "A Igreja louva e aprecia o trabalho de quantos se dedicam ao bem da nação e tomam sobre si o peso de tal cargo, em serviço dos homens" (GS, 75).

E não nos esqueçamos de que agir politicamente não pode ser confundido com o agir político-partidário. Este último é necessário, mas nem todos os cristãos e cristãs se sentem chamados a dele participar. Isso não os exime da participação política, do agir cristão no processo político, porque o agir político também se expressa, mesmo que nem sempre o entendamos assim, em outras práticas que temos: no sindicato, nas associações de moradores, nos grupos de reflexão, nos grupos de acompanhamento de câmaras, nos grupos e pastorais de fé e política, e assim num conjunto bastante grande de atividades.

E o que dizer das dezenas de conselhos paritários, ou conselhos de cidadania, que se estão criando em todos os municípios brasileiros e em nível estadual e federal: de educação, de saúde, dos direitos da mulher, da criança e do adolescente, tutelares, de proteção ao meio ambiente, do idoso, das pessoas com deficiência, do negro? Faz-se, pois, necessário que os cristãos e cristãs se formem adequadamente para uma participação cidadã e de qualidade em tais espaços.

Não! Os cristãos não podem agir como avestruzes, enfiando a cabeça num buraco no chão e acreditando que, se ausentando do processo político, os seus resultados não irão incidir sobre eles. Pelo contrário! Política é "uso legítimo do poder para alcançar o bem comum da sociedade", como o afirmou João Paulo II. Existem três imensos motivos para a inserção dos cristãos no processo político, para o agir cristão no tecido humano da sociedade:

a) "Quem diz que permanece em Deus deve, pessoalmente, caminhar como Jesus caminhou (1Jo 2–6) [...] A fé consiste, portanto, num dinamismo de vida, num jeito de configurar a vida, numa práxis."

b) Engano-me quando acredito que não participando, não me meto no processo. Ao contrário! A não participação é um deixar a porta aberta para os aproveitadores.

c) Afasto-me do mandato do Amor, quando, ao não me meter (por medo, por ojeriza, por desconhecimento) deixo que os pobres sejam cada vez mais explorados. Neste caso, sou absolutamente omisso!

Ainda citando os bispos brasileiros:

> O povo brasileiro precisa recuperar a esperança. A credibilidade e a legitimidade de nossas instituições serão asseguradas pela apuração da verdade dos fatos, pela restituição dos bens públicos apropriados ilicitamente e pela punição dos delituosos. Queremos estimular os cristãos que, em nome da sua fé, se engajam no mundo da política, dizendo-lhes que vale a pena dedicar-se à nobre causa do bem comum. O exercício responsável da cidadania é um imperativo ético para todos (CNBB, Democracia e ética).

Afinal, é no processo político que se decidem as políticas econômicas, que se constroem as políticas públicas de saúde, educação, habitação, emprego etc. Não participar, agir com omissão, significa que tudo isso será feito não em nosso favor ou em favor dos mais necessitados. Ao contrário, a não participação dos cristãos no processo político pode fazer (e faz) com que os valores do Reino, a atenção aos pobres e humildes inexistam ou sejam tratados com paternalismo, como se fosse fruto da "bondade" dos políticos, ou, ainda, com clientelismo, pois se dão pequenas esmolas para manter o pobre como um cliente para as próximas eleições. A não participação dos cristãos, a ausência do agir cristão na política é uma das causas da existência de exploradores do pobre e do oprimido. Nesse sentido, nunca é demais repetir o conhecidíssimo texto abaixo:

O analfabeto político

O pior analfabeto é o analfabeto político.
Ele não ouve, não fala, nem participa dos acontecimentos políticos.
Ele não sabe que o custo de vida, o preço do feijão, do peixe, da farinha,
do aluguel, do sapato e do remédio dependem das decisões políticas.
O analfabeto político é tão burro que se orgulha e estufa o peito
dizendo que odeia a política.
Não sabe o imbecil que, da sua ignorância política, nasce
a prostituta, o menor abandonado, e o pior de todos os bandidos,
que é o político vigarista, pilantra, corrupto e lacaio
das empresas nacionais e multinacionais (Bertolt Brecht).

Terminemos, pois, este ponto, com a palavra do Papa Francisco, que em homilia na Capela de Santa Marta, comentando o Evangelho do centurião que pede a cura de seu filho, em determinado momento afirmou que aquele que governa "deve amar o seu povo", porque "um governante que não ama não pode governar; quando muito poderá disciplinar, colocar um pouco de ordem, mas não governar". Para o Papa Francisco,

as duas virtudes de um governante são o amor pelo povo e a humildade. Não se pode governar sem amor ao povo e sem humildade! E cada homem, cada mulher que deve se ocupar com um serviço de governo, deve se fazer estas duas perguntas: "Eu amo o meu povo para servi-lo melhor? Sou humilde e escuto a todos os outros, as diferentes opiniões, para escolher o melhor caminho?". Caso não se colocar estas perguntas, seu governo não será bom. O governante, homem ou mulher, que ama o seu povo é um homem ou uma mulher humilde.

Construindo cidadania

De vez em quando, ouvimos declarações de pessoas que dizem que tudo seria diferente se tivéssemos um governo forte, tirânico.

Até alguns dizem que a democracia faz surgir os bandidos, a corrupção. Não é difícil também escutarmos coisas como: "Que saudades da ditadura!".

Cuidado! Ao contrário disso, os grandes problemas que vivemos só podem ser resolvidos por uma democracia forte. Mas outro cuidado! Se falamos da importância da democracia, também temos que falar que o termo "democracia" tem várias acepções, vários significados.

Há duzentos anos se constrói a chamada "democracia representativa". Democracia representativa é aquela que se constrói no processo eleitoral restrito. De tempos em tempos, votamos em pessoas para nos representar, quer seja nos parlamentos (vereador, deputado estadual, deputado federal, senador), quer seja na chefia dos Executivos (prefeito, governadores, presidente da República). Isso é muito bom, mas não é tudo! Os eleitos e as eleitas pensam que tudo podem fazer, já que na democracia representativa que vivemos, depois que confirmamos o nosso voto na urna eletrônica, já lhes damos todo o poder.

E há outro tipo de democracia?

Sim! É necessário ultrapassarmos a democracia representativa e construirmos a democracia participativa. Podemos dizer, hoje, que não dá mais para ficar só na democracia representativa, já que é ficar "no meio do caminho". Não basta apenas votar. É preciso fortalecer a democracia pela participação de todos nos destinos da nação. É necessário construir a cidadania plena de todos. Como já diziam os bispos brasileiros, em 2006:

> Urge também uma profunda reforma do atual sistema político, não limitada à revisão do sistema eleitoral. É necessário aprimorar os mecanismos da democracia representativa e favorecer a democracia participativa; [...] A experiência de participação popular na política é uma conquista e um patrimônio precioso da sociedade (CNBB, Democracia e ética).

Chamar à participação não significa mais hoje, como ontem, colocar nosso voto na urna. Hoje, participar significa arregaçar as mangas e inserir-se. Devemos viver o processo político munidos de uma consciência cidadã plena, de que fazemos a história ou ela será feita contra nós. É preciso que nos engajemos na construção do novo, da vida. E isso se faz pela plena participação cidadã nos rumos do país. Os cristãos e cristãs, principalmente os leigos e as leigas, devem se sentir impulsionados, pelo Evangelho, a um maior agir no mundo da política e, quando se sentirem chamados pelo Espírito, devem assumir um engajamento partidário e a consequente participação nos embates eleitorais. Como nos disseram nossos bispos em Puebla: "A fé cristã não despreza a atividade política; pelo contrário, a valoriza e a tem em alta estima" (514).

A Igreja e o processo político

Muitos católicos sentem que a Igreja comete um erro estratégico em não apoiar candidatos, em não os indicar aos fiéis. Afinal, dizem tais pessoas, muitas das outras denominações religiosas fazem isso, e com bastante êxito, o que lhes proporciona uma significativa bancada de parlamentares a seu favor e a favor de seus projetos.

Entretanto, sabiamente a Igreja não indica partido ou candidato. Seria um erro! Seria trazer a discórdia, a luta política e a cizânia para dentro da instituição. Afinal, cada candidato ou candidata se acha no direito de ser considerado "mais Igreja" que o outro. Além disso, a história antiga e recente nos mostra que nem sempre os que apregoam uma fé firme e forte a têm de verdade, já que suas práticas, após a vitória eleitoral, depõem contra tudo aquilo que simboliza a fé cristã. Não é muito incomum a verificação de que alguns "cristãos" agem, na prática política, com menos ou nenhuma ética, enquanto outros, que não professam fé nenhuma, agem como se cristãos fossem.

Assim sendo, à Igreja cabe a elaboração e a manifestação de princípios que devem ser cumpridos pelos participantes do processo político. Norteada pela prática de Jesus Cristo, a Igreja busca não a realização de seus projetos, para isso constituindo uma bancada forte, mas sim, a construção de uma sociedade, de uma cultura, de uma economia que extinga a exploração e a exclusão, que faça com que todos e todas sejam homens e mulheres plenos de vida. A Igreja prega a ética na política. Uma ética que privilegie o outro, o pobre, o desvalido.

Dessa maneira, a Igreja não indica nomes, quer sejam de partidos, quer de homens e mulheres que pleiteiam cargos eletivos, mas indica, aos fiéis, que vasculhem a vida e as intenções dos que buscam o voto e verifiquem se seu ideal e sua prática estão conformes com aqueles princípios que se destinam a construir uma sociedade justa e solidária.

Mas à Igreja cabe, também, como instituição em conjunto com outras instituições da sociedade civil, a denúncia de candidatos corruptos e das situações e mecanismos que favorecem a corrupção.

A Igreja louva e aprecia o trabalho de quantos se dedicam ao bem da nação e tomam sobre si o peso de tal cargo, em serviço dos homens (GS, 75).

Não há dúvidas, portanto, de que é através da ação política organizada que se podem construir políticas públicas que visam à dignidade da pessoa humana e todas as garantias de igualdade. Por outro lado, a inexistência de homens e mulheres que insuflem o processo político com tais princípios leva (como temos visto) a que a política seja vivenciada por aqueles que buscam desfrutar de um poder que os leva muito longe do bem comum. Por isso, se a partir da Palavra encarnada queremos construir um mundo de justiça e de fraternidade, temos que entender que a prática política é em si uma forma elevada do agir cristão, do querer e saber realizar o bem mais necessário, o bem comum.

O agir cristão no mundo complicado e conflituoso da política se insere na busca da construção da justiça, e faz isso não só como uma necessidade, mas como um grande desafio para aqueles que o Documento de Aparecida chama de "discípulos missionários de Jesus, Luz do mundo". Mas que não se pense que é fácil esse agir. Afinal,

> a política implica e exige um feixe de virtudes, a justiça, a prudência, a solidariedade; ela será o espaço privilegiado da fé, que crê no amor universal, que consagra a vida pessoal e social ao dinamismo desse amor. A política é um espaço privilegiado para a prática da fé, tal é a convicção fundada no que há de mais profundo, de mais promissor e de mais exigente na realidade humana da política, bem como na mensagem e na graça do Evangelho.[2]

O agir cristão e a Doutrina Social da Igreja

> Conduzida por uma tendência que privilegia o lucro e estimula a concorrência, a globalização segue uma dinâmica de concentração de poder e riqueza em mãos de poucos (DAp, 62).

É muito comum vermos cristãos votando em pessoas porque são boas pessoas, bem como por causa de outros atributos parecidos.

---

[2] Ibid.

Mas aí também deve existir outro grande cuidado, ou seja, com os ideais que essas "boas pessoas" trazem para o processo político. Uma luz pode ser buscada na Doutrina Social da Igreja. Segundo palavras do Papa Paulo VI, "a política é a melhor forma de exercer a caridade". João Paulo II, por sua vez, tem insistido sobre a necessidade de os cristãos se empenharem nas várias instâncias de decisões políticas.

Afinal, o agir cristão, baseado na prática de Jesus Cristo, e os ensinamentos da Doutrina Social da Igreja devem levar os cristãos e cristãs a negarem os grupos políticos que, no poder, irão implantar as chamadas "políticas neoliberais", que contradizem os princípios anteriormente estabelecidos.

Essas políticas, chamadas neoliberais, reduzem as ações do poder público nas áreas fundamentais da educação, saúde, habitação, saneamento, segurança e nas áreas de redução das desigualdades sociais e econômicas, deixando ao mercado e ao lucro a condução dos destinos da nação. E nesse caso, quem perde são os pequenos, os fracos, os trabalhadores e trabalhadoras, e só quem ganha são os que têm o poder econômico, com o qual, muitas vezes, nada produzem.

Ao longo das décadas de 1970 e 1980, havia como que um questionamento sobre a Doutrina Social da Igreja, incluindo algumas afirmações de que ela seria frágil, voltada mais para os interesses dos detentores do capital. De certa forma, essa era uma crítica a partir de uma visão de mundo de crítica absoluta ao capitalismo.

A partir da crise das utopias, e mesmo a partir da chamada "crise da modernidade" e de seus parâmetros, há um retorno ao pensamento social cristão católico. Aprofundando-nos sobre ele, percebemos que há aí muito questionamento sobre a situação presente, bem como sugestões de soluções que ultrapassam tais crises.

A Doutrina Social da Igreja tem sido vista e analisada como uma resposta importante do pensamento católico sobre a realidade política, social e econômica de nossa época. Mais que isso, na visão de alguns intelectuais cristãos, ela se mostra como um conjunto de posicionamentos que se podem somar a outros na construção de um novo modelo civilizacional que inclua o social, o político e o econômico.

O Magistério da Igreja tem se referido à DSI em todos os documentos, principalmente quando fala da presença dos cristãos e cristãs em seu empenho de construção de uma sociedade mais justa, humana e solidária. Ao mesmo tempo, tem, constantemente, insistido em que os leigos e leigas sejam formados na Doutrina Social da Igreja, principalmente aqueles e aquelas que têm inserção no mundo da cidadania, entendido em sentido global. Como nos diz Aparecida:

> A Igreja pode fazer permanente leitura cristã e aproximação pastoral à realidade de nosso continente, aproveitando o rico patrimônio da Doutrina Social da Igreja. Dessa maneira, terá elementos concretos para exigir dos que têm a responsabilidade de elaborar e aprovar as políticas que afetam nossos povos, que o façam partir de uma perspectiva ética, solidária e autenticamente humanista. Nesse aspecto, os leigos e as leigas exercem papel fundamental, assumindo tarefas pertinentes na sociedade (DAp, 73).

Assim também os cristãos e cristãs devem ficar atentos aos projetos pessoais e partidários que defendam preconceitos e exclusões, sejam eles contra pessoas ou grupos. Também baseados na Doutrina Social da Igreja, devemos ter em conta que esta, apoiada na prática de Jesus, insiste na dignidade da pessoa humana e nos direitos inalienáveis que vêm junto com isso. Tudo aquilo que a torna pessoa, que a torna essencialmente humana, deve lhe ser garantido. Por isso, o preconceito e a exclusão devem receber crítica dos cristãos.

Mas é sempre necessário frisar que, em sua prática, Jesus nunca vinculou sua mensagem ou o próprio Reino de Deus a qualquer esquema, qualquer projeto particular ou de grupos políticos e econômicos. Mostrou-nos que o seu Evangelho, o Reino que prega a nossa comunidade Igreja não se identificam com nenhum projeto histórico, mas buscam radicalmente a justiça e o amor em todos os projetos, econômicos, políticos e culturais.

Ah! Desgraçados!
Um irmão é maltratado e vocês olham para o outro lado?
Grita de dor o ferido e vocês ficam calados?
A violência faz a ronda e escolhe a vítima,
e vocês dizem: "a mim ela está poupando, vamos fingir que não estamos olhando".
Mas que cidade?
Que espécie de gente é essa?
Quando campeia em uma cidade a injustiça,
é necessário que alguém se levante.
Não havendo quem se levante,
é preferível que em um grande incêndio,
toda cidade desapareça,
antes que a noite desça.

Os destinatários do agir cristão na política

Já em 2003, os bispos brasileiros, ao aprovarem as Diretrizes da Ação Evangelizadora no Brasil, 2003-2006, colocavam o tema da participação política dos cristãos leigos e os desafiava com uma tarefa explícita: participar da vida política, para que a própria organização da sociedade seja cada vez mais impregnada de valores evangélicos.

Hoje, na atual situação sociopolítica e econômica de exclusão ("Essa economia mata", como nos disse o Papa Francisco), podemos discernir um critério fundamental e permanente de discernimento do nosso agir cristão no processo político. E esse critério consiste em olhar as necessidades e os clamores da sociedade sofredora, das vítimas de toda e qualquer forma de injustiça e exclusão.

Por isso, dizemos que os cristãos e cristãs não podem ir para a ação política sem uma razão de fundo. Só se pode exigir deles e delas o máximo: a transformação radical da sociedade em que vivemos, onde o poder é exercido em proveito próprio, e onde as ações políticas são, na maioria das vezes, exercidas a partir do interesse dos grupos dominantes e das grandes corporações econômico-financeiras. Os cristãos devem ir para o processo político buscando a transformação das estruturas de poder hoje existentes.

Em 1999, no documento "Missão e ministérios dos cristãos leigos e leigas", a CNBB afirmava:

> Não há dúvida de que a tarefa de promover a justiça e a paz, de efetivamente prestar solidariedade e serviço aos irmãos, especialmente aos mais necessitados, é em primeiro lugar responsabilidade dos cristãos que têm competência na economia, na política, nas relações internacionais, no sindicato, nas organizações assistenciais, nos movimentos populares, nas pastorais sociais (61).

Mas temos que ser mais explícitos nesse ponto. Não podemos fugir do fato de que existem destinatários claros do agir cristão no processo político: os pobres e excluídos. E Aparecida nos revela seus rostos de forma clara, quando nos convida a contemplá-los naqueles que sofrem:

> As comunidades indígenas e afrodescendentes, que em muitas ocasiões não são tratadas com dignidade e igualdade de condições; muitas mulheres são excluídas (...); os jovens (...); desempregados, migrantes, agricultores sem terra; meninos e meninas submetidos à prostituição infantil (...). Milhões de pessoas vivem na miséria e passam fome. (...)

Dependentes de drogas, pessoas com limitações físicas, portadores e vítimas de enfermidades graves, que sofrem a solidão e se veem excluídos da convivência familiar e social. (...) Os anciãos [...], os presos... (DAp, 65).

Mais que isso, Aparecida afirma que "já não se trata simplesmente do fenômeno da exploração e opressão, mas de algo novo: a exclusão social. (...) Os excluídos não são somente explorados, mas supérfluos e descartáveis" (DAp, 65).

E gostaríamos de terminar esta primeira parte de nossas reflexões com uma citação bastante longa, mas muito importante, do documento da V Conferência, influenciada pela inesgotável força do discurso inaugural do Papa Bento XVI, no dia 13 de maio de 2007, na basílica de Aparecida:

> A América Latina e o Caribe não devem ser só o continente da esperança. Além disso, devem abrir caminhos para a civilização do amor. Assim se expressou o Papa Bento XVI no santuário mariano de Aparecida: para que nossa casa comum seja um continente de esperança, do amor, da vida e da paz há que ir, como bons samaritanos, ao encontro das necessidades dos pobres e dos que sofrem e criar "as estruturas justas que são uma condição sem a qual não é possível uma ordem justa na sociedade...". "Essas estruturas", continua o Papa, "não nascem nem funcionam sem um consenso moral da sociedade sobre os valores com as necessárias renúncias, inclusive contra o interesse pessoal", e "onde Deus está ausente (...) estes valores não se mostram com toda a sua força nem se produz um consenso sobre eles. Essas estruturas justas nascem e funcionam quando a sociedade percebe que o homem e a mulher, criados à imagem e semelhança de Deus, possuem uma dignidade inviolável, a serviço da qual terão de conceber e atuar os valores fundamentais que regem a convivência humana. Esse consenso moral e mudança de estruturas são importantes para diminuir a dolorosa iniquidade que hoje existe em nosso continente, entre outras coisas através de políticas públicas e gastos sociais bem orientados, assim como

do controle de lucros desproporcionais de grandes empresas". A Igreja estimula e propicia o exercício de uma "imaginação da caridade" que permita soluções eficazes (DAp, 537).

Fazer política, ontem e hoje

Ontem

De várias formas, os cristãos procuraram viver o processo político, principalmente a partir da década de 20 do século passado. Grandes mudanças estavam ocorrendo nesse campo já há mais de um século, mas a ação política dos membros da Igreja se resumia, praticamente, à cúpula eclesiástica. Dessa forma, fazer política, para os católicos, era votar naquele candidato que o coronel indicava, sendo que muitas vezes esse coronel era o próprio padre da cidade. Fazer política, no entender da grande maioria dos cristãos, era "coisa de gente grande", do "seu dotô".

A participação política, a busca por fazer política a seu favor, só vai acontecer com o aparecimento de uma classe média urbana, na década de 1910, e com o aparecimento da esquerda marxista, com a fundação do Partido Comunista em 1922. Mas disso separem-se os católicos, já que qualquer movimento era criticado pela cúpula eclesiástica, para a qual os católicos tinham que seguir orientações que os levassem, sempre, a votar naqueles que defendessem os interesses da Igreja.

O aparecimento da Liga Eleitoral Católica, com suas listas de candidatos que deveriam receber os votos dos católicos, é um marco na política brasileira. Em muitos casos, votar em alguém fora da lista poderia significar o cometimento de um pecado.

É na década de 1950 que vamos ver o aparecimento de vozes discordantes e de católicos ultrapassando as diretrizes hierárquicas e aliando-se a grupos de esquerda que buscavam um outro país, numa crítica violenta às elites que haviam mantido o país na subserviência de seus interesses. E isso não sem choques e até anátemas.

É o Concílio Vaticano II que vai redirecionar o pensamento eclesial para o lado oposto, ou seja, aquele que impulsiona os cristãos a um agir político consistente, e mais, a partir de sua própria consciência (GS). E aqui também a questão política vai ser entendida de várias formas, várias delas conflitantes.

Hoje

Se, ontem, os cristãos católicos eram como que afastados do processo político, o qual era deixado para a cúpula eclesial, até pelo motivo de que havia certo temor, quer seja na incompetência, quer seja na cooptação, hoje, são chamados a se inserir na política como campo próprio para o exercício de sua vocação laical. Paulo VI vai dizer, mesmo, que o agir político é uma forma de evangelizar, e Puebla vai dizer que "o leigo, a leiga é a Igreja no coração do mundo..." (786).

A Conferência de Medellín, a segunda a acontecer no continente latino-americano em 1968, buscou aplicar o concílio na conflituosa situação nesse continente conflagrado por ditaduras cruéis e sanguinárias, dirigidas e orientadas pelos EUA. Disso resultou uma opção de toda a Igreja por um processo de libertação, o que implicava a ação política. Agora, não mais a partir de direcionamentos hierárquicos, mas da própria individualidade, e a partir dos sentimentos vividos no contato com a extrema pobreza, mas também com a extrema violência dos órgãos de repressão das diversas ditaduras aqui implantadas.

Vão nascer, então, as comunidades eclesiais de base, nas quais a vida, a fé e a Palavra de Deus levam os cristãos a se engajarem de toda maneira nos processos de transformação da realidade conflitiva que, dizia-se à época, clamava aos céus. É evidente que não há unanimidade na prática e mesmo nos projetos políticos nos quais os cristãos católicos adentram. Ao término da ditadura, já em finais da década de 1970, estes últimos discutiam sua pertença a esse ou àquele partido ou movimento político e, com a possibilidade da criação de novos partidos que viessem substituir os estabelecidos pelo regime militar, eles se dividiram, muito embora, uma boa maioria tenha ajudado a fundar o Partido dos Trabalhadores.

Isto é história! Mas o que importa, agora, é pensar na inserção, no processo político, por parte dos cristãos, em seu engajamento político, no que podem e devem fazer no seu interior.

Ao longo dos últimos cinquenta anos, a esperança

Quem começou sua militância ao longo das décadas de 1950 e 1960, pode até sentir alguma saudade. Afinal, as bases de nossa prática, de nossa ação política, estavam fundamentadas em utopias alicerçadas em teorias completas, que tudo explicavam e que davam, em última instância, o caminho a seguir. Militávamos quase que tendo a certeza do lugar aonde chegar.

No que diz respeito à inserção dos cristãos e cristãs na vida política e na luta por transformações radicais nos processos sociais e econômicos, a esperança, o otimismo, a utopia marcavam tal prática. Principalmente motivados por uma nova visão de Igreja e de mundo impulsionada pelo Concílio, os cristãos se internavam no trabalho de construir o Reino a partir de sua inserção no tecido humano da sociedade.

Incentivo fundamental foi a *Evangelii Nuntiandi*, de Paulo VI, apresentada em 1975:

> Os leigos, a quem a sua vocação específica coloca no meio do mundo e à frente de tarefas as mais variadas na ordem temporal, devem também eles, através disso mesmo, atuar uma singular forma de evangelização.

A sua primeira e imediata tarefa não é a instituição e o desenvolvimento da comunidade eclesial, esse é o papel específico dos pastores, mas sim, o pôr em prática todas as possibilidades cristãs e evangélicas escondidas, mas já presentes e operantes, nas coisas do mundo. O campo próprio da sua atividade evangelizadora é o mesmo mundo vasto e complicado da política, da realidade social e da economia, como também o da cultura, das ciências e das artes, da vida internacional, dos "mass media" e, ainda, outras realidades abertas para a evangelização, como sejam o amor, a família, a educação das crianças e dos adolescentes, o trabalho profissional e o sofrimento. Quanto mais leigos houver impregnados do Evangelho, responsáveis em relação a tais realidades e comprometidos claramente nas mesmas, competentes para as promover e conscientes de que é necessário fazer desabrochar a sua capacidade cristã muitas vezes escondida e asfixiada, tanto mais essas realidades, sem nada perder ou sacrificar do próprio coeficiente humano, mas patenteando uma dimensão transcendente para o além, não raro desconhecida, se virão a encontrar a serviço da edificação do Reino de Deus e, por conseguinte, da salvação em Jesus Cristo (EM, 70).

Podemos dizer que, depois disso, não havia mais argumentos para se ausentar da luta política!

Isso incluía, na América Latina, uma presença firme das comunidades eclesiais de base, que levavam seus membros a assumir o processo político como um mandamento da fé cristã. Era sua responsabilidade a construção do novo. Havia uma visão do Jesus Histórico que questionara as estruturas sociopolíticos e religiosas de seu tempo. Até nossas canções litúrgicas espelhavam essa esperança, esse otimismo: "Certeza na frente, história na mão./Em Cristo Jesus nossa libertação".

Caminhar com cuidado! O chão é pantanoso!

O ponto de partida de nossas reflexões está no fato de que não se pode pensar em viver a nossa fé no processo político, se não tivermos claro alguns pontos. Em primeiro lugar, há que se ir para o processo político com um conjunto de informações, formações e análises bem estruturadas. Não pode ser um diletantismo, uma ação pessoal cheia de otimismo, e nem uma ação desligada de um todo. Há que se ter sempre em vista que a opção é um risco que tem que ser assumido.

Insistamos! O agir político não é um diletantismo, um divertimento ou uma coisa que agrada, que dá prazer. Ao contrário, praticamente todos os cristãos inseridos nesse campo sentem as agruras da corrupção que os cerca, das mentiras e falsidades, dos jogos mortais, cujas vítimas são o povo. E como quase tudo é feito como se o povo e a sua felicidade fossem o alvo estabelecido por tais farsas, muitos cristãos também os assumem, consciente ou inconscientemente.

Também não se pode entrar nisso com a cabeça cheia de otimismo, como se fosse fácil agir no interior de um partido ou das estruturas legislativas ou executivas. Cada um de nós conhece cristãos muito bem-intencionados que acreditam piamente que vão "emplacar" todos os seus projetos. E os elaboram sem um mínimo de conhecimento do que podem ou não fazer.

Por fim, o que nos agrada no mundo da política é que aí estamos a partir do clamor do Espírito, a serviço. É o pobre, o injustiçado, é um mundo novo a ser construído, é um novo Estado a ser refundado, é uma nova democracia que deve ser trabalhada. Aí, sim, temos gosto, agrada-nos, tornamo-nos otimistas. Não estamos lá por nós, mas somos os braços do Espírito que nos impulsiona.

Mas há que se cuidar, que se ter muita atenção. É como pisar, à noite, numa parte pantanosa de uma floresta. Por isso, nunca vamos sozinhos!

Leiga como?
Prefeita missionária

Izalene Tiene

Escrevo este texto no último mês dos seis anos de permanência missionária leiga na Igreja da Amazônia, quando se inicia o ano do laicato na Igreja do Brasil. Nosso desejo é motivar e fortalecer a presença missionária e a participação política dos cristãos como sujeitos, como alguém que se sente enviado e tem clareza da sua missão, responsável na construção do Reino de Deus. É isso que está explicitado no Documento n. 105, e é o que esperamos aprofundar neste relato sobre nossa experiência missionária na Igreja e na sociedade.

Compromisso batismal e práticas pastorais e políticas

Minha vida como cristã leiga, compromisso assumido no Batismo pela minha mãe e meu pai, foi fortalecida e desenvolvida com a participação nas Comunidades Eclesiais de Base, na Igreja de Campinas (SP). A escolha profissional, como assistente social, e a participação nos movimentos sociais para melhoria da qualidade de vida das pessoas que vivem nos bairros, nas periferias; a consciência de ser mulher, numa sociedade classista, machista e preconceituosa, me motivou a priorizar e participar nas lutas sociais e no movimento de mulheres pela igualdade de gênero, contra as violações de direitos e toda forma de violência que sofremos: preconceito e discriminação. O engajamento e atuação nos movimentos sociais, o compromisso político-partidário, foram consequência da tomada de consciência do sistema excludente e dominante da sociedade de classes e da vontade política numa busca incansável de transformação econômica, social, política, cultural e também eclesial.

Dois momentos históricos e muito fortes em minha vida foram: o exercício de gestão pública, num mandato eletivo de vice-prefeita, e, com o assassinato do prefeito, fui sua sucessora, na gestão da cidade e do campo em Campinas-SP (2001-2004), bem como a vida como leiga missionária na Igreja do Alto Solimões e na Rede Eclesial Pan-Amazônica – REPAM Brasil (2012-2017).

Exercício de gestão pública

Na administração, assumi, com muita convicção, a coordenação do Orçamento Público Participativo. Com uma equipe, organizamos na cidade e no campo, as Assembleias Regionais com a participação da população para a indicação das necessidades e demandas prioritárias dos bairros e dos serviços públicos. O planejamento e plano diretor existentes de governos anteriores não atendiam às necessidades da população. Diante da falta de vontade política e ausência do Estado, principalmente nas periferias, a população, organizada nos movimentos sociais, criou, em Campinas, a partir das décadas de 1970-1980, sua própria condição de sobrevivência, morando em sub-habitações, com precárias condições para viver. Precárias no sentido de ausência de serviços públicos, negados à população trabalhadora, assalariada, desempregada, devido à concentração de renda nas mãos de alguns que recebiam e recebem muitos benefícios, fruto da desigualdade social e do projeto político que organiza a sociedade só para alguns.

Nessa situação, foi que assumimos (Toninho e Izalene) a administração do município com o propósito e plano de governo de inversão das prioridades, iniciando investimentos e manutenção dos serviços e obras públicas nas periferias. O orçamento participativo foi fundamental na garantia dos direitos da população mais necessitada dos serviços e bens públicos.

Construir novas relações na sociedade exigiu de nós paciência, compreensão, determinação e muita vontade política. Melhorar as condições de vida do povo, sobretudo dos trabalhadores e das trabalhadoras; promover a democracia participativa e avançar na disputa pela hegemonia das classes populares foram e continuam sendo nossas propostas e nossas lutas gerais, mas também as específicas das mulheres, afrodescendentes, juventude e outras.

Na gestão pública, pudemos atender as demandas com ações na saúde, na educação, na assistência, na cultura, entre outras áreas. Isso foi possível porque invertemos as prioridades na aplicação e controle dos recursos públicos, ao canalizar os investimentos para as regiões mais necessitadas, melhorando as condições de vida dessa grande maioria da população. Há que se destacar, nesse processo, a implantação da meta de passar de 5% para 70% o de tratamento de esgoto da cidade. A coleta seletiva e reaproveitamento dos resíduos sólidos e orgânicos tiveram alto impacto na qualidade de vida da população.

Ao implementarmos, no município, políticas que resultaram em maior transparência administrativa e na consolidação da participação popular como instrumento de gestão e de controle social do dinheiro e das políticas públicas, a elite econômica reagiu ferozmente contra a administração democrática e popular. A criação e o fortalecimento dos conselhos municipais, das conferências, do Congresso da cidade e, principalmente, do orçamento participativo, foram as faces mais visíveis desse processo democrático que a população teve possibilidade de experimentar. A marca maior do governo foi a participação popular, avançando na criação de novos valores e nas relações mais humanizadas. Esse foi o legado para a continuidade da organização do coletivo social rumo a um novo mundo possível que caminhe para a igualdade econômica e a justiça social.

Da missão na gestão pública à missão na Igreja da Amazônia

O exercício da gestão pública representou uma missão, foi um tempo intenso de responsabilidades, vivências, embates e realizações, assim como o foi o tempo em que passei a viver na Amazônia, como leiga missionária, no seguimento de Jesus, conhecendo e aprendendo com esse povo e com essa Igreja profética e dinâmica à busca de uma evangelização inculturada.

Ao ser enviada (29/01/2012), pela Igreja de Campinas, para a comunidade Divino Salvador, onde eu participava, Padre José Arlindo de Nadai, pároco, refletindo sobre o Evangelho de Marcos 16,15: "Ide por todo o mundo proclamando a boa notícia a toda humanidade", alertou-me que a missão é o tempo da Igreja, o nosso e o meu tempo, questionando, repondendo e explicitando qual deveria ser a missão a que estava sendo enviada. Isso porque "a missão não se limita a um programa ou projeto, mas é compartilhar a experiência do acontecimento do encontro com Cristo, testemunhá-lo e anunciá-lo de pessoa a pessoa, de comunidade a comunidade e da Igreja a todos os confins do mundo (cf. At 1,8)" (DAp, 145).

No seu alerta, Padre Nadai explicitava o sentido da missão:

> A missionária que vai para a Amazônia não vai para a missão com projeto próprio, mas para assumir as opções pastorais da Igreja que a acolhe. Estar atenta àquilo que o Espírito diz à Igreja que a acolhe. E, quando volta à Igreja que a enviou, procura testemunhar o que o Senhor está realizando no meio do povo a quem foi enviada. Você não vai em nome próprio, vai enviada pela Igreja de Campinas, que haverá de apoiá-la e acompanhá-la em comunhão de preces.

No momento do envio, continuou a indicar o objetivo fundamental do serviço missionário:

Como Jesus de Nazaré, o discípulo missionário é chamado e enviado a apresentar ao mundo a Palavra de Deus e o anúncio da justiça do Reino. Procura também demonstrar, por sinais e obras, que o poder de Deus supera o mal: no empenho pela justiça, no alívio do sofrimento e no cuidado com o meio ambiente e compromisso com a sociedade justa e solidária...

Todos nós estamos comprometidos com a missão por conta de nosso Batismo e queremos compartilhar com você deste momento especial de seu envio, não para começar a missão, mas para dar continuidade em outro lugar, com outros desafios e novas exigências, especialmente a do serviço em dedicação exclusiva e absoluta gratuidade na Igreja da Amazônia. Que Maria, Mãe do Divino Salvador, a agasalhe e proteja debaixo de seu manto.

Penso que fui capaz de ouvir os apelos de Deus na Igreja do Alto Solimões, na Tríplice Fronteira: Peru, Colômbia, Brasil, onde permaneci durante quatro anos, vinculada ao projeto das Igrejas Norte I e Sul I, conhecendo e convivendo nas comunidades ribeirinhas indígenas e tradicionais, participando nas equipes das Campanhas da Fraternidade e Saúde Pública (2012), Fraternidade e Juventude (2013), Fraternidade e Tráfico Humano (2014) e Fraternidade Igreja e Sociedade. Foram tempos fortes, vivenciados durante a quaresma, mas a organização da ação evangelizadora, a partir dos temas e das necessidades locais, nos levou a manter o engajamento no fortalecimento dos conselhos de cidadania e na criação do grupo de Enfrentamento ao Tráfico de Pessoas na Tríplice Fronteira, numa ação em REDE, articulada entre os três países e apoiada pela Rede Nacional um Grito pela Vida.

Foi um tempo que priorizei para estar onde havia maiores necessidades e carências de discípulos missionários. Aprendi a viver e conviver na Amazônia, na Igreja e na sociedade, a partir de Tabatinga, sede da diocese, e também nos demais municípios do Alto Solimões.

Com a equipe itinerante, partilhei a moradia, a convivência e os conhecimentos sobre as realidades já constatadas e relatadas.

Compreendemos que nossa ação evangelizadora como leigos missionários nos levou, ainda mais, a buscar novos caminhos, novas maneiras de viver a fé, dentro do chamado que é próprio de nossa vocação, na sociedade e atentos às grandes causas da humanidade! Nossa vocação e missão, sendo sal e luz, sujeitos da história. Somos Igreja onde estamos testemunhando o Cristo Jesus com o nosso serviço e nossas ações, como indica e pratica o Papa Francisco (cf. *A alegria do Evangelho*, 11-114).

Da missão na Igreja local do Alto Solimões à missão na Amazônia Legal

Na perspectiva de uma Igreja em saída, aceitei o convite da Comissão Episcopal para a Amazônia – CNBB, e assumi a articulação dos Seminários *Laudato Si'* e REPAM – Rede Eclesial Pan-Amazônica, realizados nos regionais da CNBB, na Amazônia Legal (2016-2017).

A REPAM está sendo tecida ao longo da história da Igreja na Amazônia, mas, oficialmente, foi criada em setembro 2014, tendo em vista a importância da Amazônia para toda a humanidade (cf. *Laudato Si'*, 37-38), e se propondo a escutar, apoiar, formar, servir, estimular, articular, comunicar e unir as forças para responder aos grandes desafios e contribuir na articulação das ações pastorais e socioambientais, em defesa da vida na Pan-Amazônia.

Os povos indígenas e comunidades tradicionais têm na tradição histórica a capacidade de se relacionar com a natureza de maneira a preservá-la. Sempre foram explorados desde os colonizadores e, atualmente, pelos detentores do poder político e econômico, que é predatório, desmata e polui os recursos naturais como se fossem infinitos.

Dom Erwin Kräutler, presidente da Rede Eclesial Pan-Amazônica (REPAM-Brasil) e bispo emérito da Prelazia do Xingu, afirmou no prefácio do livro *Povos da floresta*:

> As agressões aos povos indígenas não são esporádicas, mas sistêmicas, pois são consequência de uma desastrosa política indigenista, da omissão e negligência dos sucessivos governos. São fruto da intolerância e do preconceito perpetrados em todos os rincões do nosso Brasil (PONTES, 2017, p. 14).

Ele nos alerta para os perigos e as consequências do sistema predatório que tem tomado conta da Amazônia.

Os povos indígenas, hoje, são perseguidos porque a cobiça e exploração dos recursos naturais servem a um modelo predatório de desenvolvimento a serviço do capital. As principais atividades desse modelo são madeira, pecuária, energia, sobretudo a construção de hidroelétricas, a monocultura e a exploração de minérios. Essas atividades são extremamente nocivas aos povos da Amazônia. Nos lugares onde esses projetos de extração de recursos naturais são instalados, quando os recursos se esgotam, a população passa a viver uma condição de vida pior do que se tinha antes.

A Igreja na Amazônia está vivendo um momento novo com a criação da Rede Eclesial Pan-Amazônica – REPAM (2014), com a Encíclica *Laudato Sí'* (2015) e a convocação, do Papa Francisco, do Sínodo dos Bispos para a Pan-Amazônia (2019), que está despertando a esperança e apontando novos caminhos e buscas de uma evangelização inculturada na sabedoria e tradição dos povos indígenas e comunidades tradicionais.

O Papa Francisco tem manifestado ao episcopado da Amazônia sua preocupação e seu desejo de pensar a ação pastoral, a evangelização como um todo, sem ficar focando apenas a realidade local, mas pensando nas situações de forma global e planejando as ações em rede, considerando que tudo está "interligado" (cf. LS, 138).

A Encíclica *Laudato Si'* tem sido um instrumento importante para novas reflexões sobre os eixos que atravessam o documento inteiro e que também marcam nossas convicções: tudo está interligado no mundo; há uma relação íntima entre os pobres e a fragilidade do planeta; a crítica do novo paradigma e das formas de poder que derivam da tecnologia; a proposta de outras maneiras de entender e fazer economia e política, local e internacional; o sentido humano da ecologia; a superação da cultura do descarte e a proposta de um novo estilo de vida (cf. LS, 16).

A REPAM-Brasil tem contribuído para tornar a *Laudato Si'* conhecida e praticada. Em dois anos, foram realizados dezesseis seminários organizados pelos regionais da CNBB na Amazônia Legal, com apoio e incentivo da Comissão Episcopal para a Amazônia, refletindo sobre as realidades sociopolíticas, econômicas e eclesiais, tendo na *Laudato Si'* a iluminação para o agir em REDE e nas propostas o compromisso para ações integradas com as causas dos povos indígenas e as populações em situações de vulnerabilidade; garantias dos Direitos Humanos; formação e métodos pastorais; ações comuns entre Igrejas de Fronteiras nos países da Pan-Amazônia; modelo de desenvolvimento que garanta justiça socioambiental e bem viver; entre outros eixos de apoio e subsídios para uma ação conjunta e em rede.

Em relação ao sínodo, há uma expectativa e uma esperança de que possam surgir novos ministérios para as comunidades, a partir da realidade das comunidades eclesiais na Amazônia, mas também que seja uma oportunidade para um despertar, não só da Pan-Amazônia, mas também de outros países, para que olhem com outros olhos a realidade dos povos da floresta. Que os depredadores possam se sensibilizar e buscar outras formas de respeito à Criação. Que respeitem as formas de usufruir da natureza, como as atividades exercidas há milênios por povos indígenas, população quilombola, população ribeirinha. Pensar e avançar num verdadeiro desenvolvimento da Amazônia. Uma verdadeira integração do humano com a natureza.

O Papa Francisco fala de uma Igreja missionária, uma Igreja em saída, que tenha uma consciência universal, uma Igreja aberta aos excluídos e aos pobres (cf. EG, 47-48). Ele nos diz que temos de ir ao encontro do pobre, para organizar a ação evangelizadora a partir e tendo o pobre como centro, porque o pobre é o centro do Evangelho, é o centro do Reino de Deus, o centro da Igreja (cf. EG, 193-198). A ação missionária pressupõe ir ao encontro do pobre para ficar com ele. Isso, segundo o papa, exige conversão. Necessita de uma conversão pastoral de toda a Igreja, e, também, que o pobre seja o centro da evangelização.

Ao anunciar o Sínodo da Pan-Amazônia (outubro de 2017), a ser realizado em outubro de 2019, o Papa Francisco nos desperta – não só nos setores da Igreja, mas em toda a sociedade, não só na Amazônia, mas em todo Planeta – a ver com outros enfoques a realidade dos povos indígenas e tradicionais, a discutir qual é o desenvolvimento necessário e que interessa aos povos, que evangelização e ministérios da Igreja respondem às novas realidades.

Na *Evangelii Gaudium*, o Papa Francisco nos pede ousadia, pede um arriscar, uma Igreja em saída. Sair de forma a despojar-nos de tudo o que nos prende e limita o nosso ser e, ainda, estarmos abertos às novidades que a missão nos provoca, seguindo e tendo os mesmos sentimentos de Cristo Jesus (cf. Fl 2,5-11). Abrir novos caminhos, novas espiritualidades, uma nova forma de ser e estar no mundo. Um novo modo de ser Igreja.

A atuação do laicato, nessa perspectiva, juntamente com religiosos nas Igrejas da Amazônia, tem buscado viver uma espiritualidade mais encarnada, respeitando a presença de Deus, que engloba toda a existência, na criação, na natureza. Uma realidade espiritual dos povos indígenas que se relaciona, sobretudo, com a terra, com o sol, com a água. Deus está vivo na natureza, na tradição e nos costumes do povo. É uma relação de respeito e de cuidado que tem, na floresta, o seu templo sagrado. Uma espiritualidade do cuidado e de garantia dos direitos. Isso precisa ser uma prática encarnada por toda a sociedade.

Considerações...

Neste tempo de convivência na Amazônia, fui acolhida e acolhi, aprendi a rezar e interiorizar a realidade, com contemplação e mística. Os elementos da Criação e da natureza são realidades que refletem nas pessoas amazônidas e que se podem perpetuar em nós, sulistas! A floresta, os rios, as fronteiras, o chão sagrado, os mártires, a profecia... tudo merece muito respeito! Precisamos aprender com os povos indígenas a pedir licença para pisar neste chão, colher uma fruta, beber o vinho que o açaí nos oferece... a fazer o nome do Pai, do Filho e do Espírito Santo, ao entrarmos no rio para nos banhar, pescar, pegar dele a água que nos dá vida, nos abençoa e purifica, e que tira de nós o mal que nos cerca e invade o nosso coração, que não é de pedra, mas feito para amar.

Gostaria de ser capaz de transformar este humilde testemunho em crônicas e poesias, mas me alegro com a possibilidade de despertar em outros cristãos leigos o sabor e a importância do engajamento político, numa perspectiva de transformação social, e que o nosso engajamento eclesial aponte sempre para a importância de uma Igreja povo de Deus, que faz opção pelos pobres e pela libertação em todas as dimensões da vida.

Na trajetória de vida de cada um, sempre devem estar presentes as novas perspectivas de vida e conversão. Nosso compromisso com o engajamento social e político, na participação nos movimentos populares, nos sindicatos, nos partidos políticos, no exercício de cargos públicos, na participação nas lutas dos povos indígenas e ribeirinhos, na luta das mulheres, na luta dos negros, na participação nos conselhos de cidadania, nas pastorais sociais, para nós, leigos cristãos, tem outras dimensões porque deve ser fruto da vivência de fé. A fé que se abre para a transformação da sociedade, buscando encontrar caminhos na construção de uma sociedade economicamente justa, politicamente democrática, socialmente igualitária, culturalmente plural, ecologicamente sustentável e preocupada com o bem viver e o bem conviver.

Aqui na Amazônia e, também, em Campinas (SP), meu compromisso eclesial, alicerçado nos sacramentos do Batismo e Crisma, vem me indicando o caminho da construção de um modelo eclesial que se define na perspectiva da Igreja povo de Deus. Uma Igreja toda ministerial, que vive a colegialidade em todas as instâncias da vida eclesial e faz opção pelos pobres. Busco, na vida em Comunidades Eclesiais de Base, conhecer mais e proclamar que "Jesus Cristo é o rosto humano de Deus e o rosto divino do homem (e da mulher)". Por isso, "a opção preferencial pelos pobres nasce de nossa fé em Jesus Cristo, o Deus humano, que se fez nosso irmão" (cf. Hb 2,11-12) (DAp, 392).

A experiência de viver uma espiritualidade amazônica me ajudou a perceber na floresta e nas águas a presença de Deus Criador. Precisei modificar meu olhar e o jeito de saber reconhecer as riquezas de espiritualidades vividas pelos povos que habitam na Amazônia. Aqui pisamos em terra sagrada, onde existe a maior biodiversidade do mundo. Somos levados a pensar no Criador em todos os lugares, na floresta e nas cidades. Aprendemos também a organizar a resistência com esse povo que tem uma maneira secular e criativa de viver, de organizar sua história de resistência diante das agressões dos modelos econômicos e culturais capitalistas que lhe impuseram e ainda lhe impõem. Penso que aprendi com a chegada do Papa

Francisco, que traz a Amazônia no seu coração, com Dom Claudio Hummes, que está ajudando a valorizar uma Igreja com rosto Amazônico, enraizada na sabedoria tradicional e na religiosidade popular, bem como a buscar na identidade e protagonismo dos leigos, nos povos indígenas, ribeirinhos, quilombolas, uma maneira de viver e conviver com apenas o suficiente, sem acumular e sem consumir o desnecessário; para isso, teve que desaprender muitas das vivências que trouxe do Sul. Por tudo isso, agradeço a Deus por esse tempo de graça. "A graça supõe a cultura, e o dom de Deus encarna-se na cultura de quem o recebe" (EG, 115). *Laudato Si'*, louvado seja Deus pela libertação ecológica e pela criação da REPAM.

Louvados sejam todos os que cantam e plantam com as raízes caboclas:

> Plantar é muito mais profundo, engrandece o mundo,
> é uma prece à natureza.
> Quem planta espera no milagre do chão:
> o pequenino grão inundando a mesa.
> Por isso estou cantando assim o meu plantio,
> comparando a um grande rio que subindo transbordou.
> De alma cheia, meu olhar é uma canoa,
> meu cantar de popa à proa
> o pão que a terra germinou
> (Eliberto Barroncas e Rubén Bindá).

Bibliografia

FRANCISCO. Exortação apostólica *Evangelii Gaudium*, sobre o anúncio do Evangelho no mundo atual. São Paulo: Paulus/Loyola, 2013.

_____. Encíclica *Laudato Si'*, sobre o cuidado da casa comum. Doc. Pontifícios 22. CNBB, 2015.

PONTES JR., Felício. *Povos da floresta, cultura, resistência e esperança*. São Paulo: REPAM/Paulinas, 2017.

O leigo e a política no Brasil:
há esperança de dias melhores?

Luiz Antonio Fernandes Neto

Algumas perguntas recorrentes nos últimos anos, sobretudo nos tempos obscuros que se instalaram no pós-golpe de 2016, são: Há caminhos para a política no Brasil? Há esperança de dias melhores na política e no trato com a coisa pública? É possível algo novo? E em meio a questionamentos, constata-se também uma angústia coletiva, que nos leva a outros tantos questionamentos, a exemplo: *O que fazer? Como fazer? Quando fazer?*

Pois bem, com a inquietação dos questionamentos acima e de outros tantos, façamos uma pausa, analisemos, ainda que de forma abreviada, o cenário atual, e voltemos a enfrentar as questões que nos tiram o sono!

Muitos estudiosos, em especial cientista políticos, educadores, filósofos, sociólogos e teólogos, dentre outros, vêm produzindo valiosas análises, interpretações e conclusões acerca da contemporaneidade. Seria de muita valia uma análise detalhada de várias correntes do saber, mas, nos limitando a algumas delas, destaco pronunciamentos recentes do Papa Francisco, conectando-os com as diretrizes sociais da Igreja, também conhecida como Doutrina Social da Igreja.

Disse o pontífice:

1. No discurso aos participantes do 1º Encontro Mundial dos Movimentos Populares, ocorrido no Vaticano, em 28 de outubro de 2014:

> Este Encontro dos Movimentos Populares é um sinal, um grande sinal: viestes apresentar diante de Deus, da Igreja e dos povos, uma rea-

lidade que muitas vezes passa em silêncio. Os pobres não só suportam a injustiça, mas também lutam contra ela!

Não se contentam com promessas ilusórias, desculpas ou álibis. Sequer estão à espera, de braços cruzados, pela ajuda de ONGs, planos assistenciais ou soluções que nunca chegam, ou que, se chegam, fazem-no de maneira a ir na direção de anestesiar ou domesticar, o que é bastante perigoso. Vós sentis que os pobres não esperam mais e querem ser protagonistas; organizam-se, estudam, trabalham, exigem e, sobretudo, praticam aquela solidariedade tão especial que existe entre os que sofrem, entre os pobres, e que a nossa civilização parece ter esquecido, ou pelo menos tem grande vontade de esquecer.

(...)

Solidariedade é uma palavra que nem sempre agrada (...). É pensar e agir em termos de comunidade, de prioridades da vida de todos sobre a apropriação dos bens por parte de alguns. É também lutar contra as causas estruturais da pobreza, a desigualdade, a falta de trabalho, a terra e a casa, a negociação dos direitos sociais e laborais. É fazer frente aos efeitos destruidores do império do dinheiro.

2. No discurso aos participantes do 2º Encontro Mundial dos Movimentos Populares, ocorrido em Santa Cruz de la Sierra, Bolívia, em 7 e 8 de julho de 2015: "Digamos sem medo: queremos uma mudança, uma mudança real, uma mudança de estruturas". E continua:

O capital se torna um ídolo e dirige as opções dos seres humanos quando a avidez pelo dinheiro domina todo o sistema socioeconômico, arruína a sociedade, condena o homem, transforma-o em escravo, destrói a fraternidade inter-humana, faz lutar povo contra povo e até, como vemos, põe em risco a nossa casa comum.

3. No discurso aos participantes do 3º Encontro Mundial dos Movimentos Populares, ocorrido no Vaticano em de 2 a 5 de novembro de 2016:

(...) as soluções reais para as problemáticas atuais não sairão de uma, três ou mil conferências: elas devem ser fruto de um discernimento coletivo que amadurece nos territórios juntamente com os irmãos, um discernimento que se torna ação transformadora em conformidade com os lugares, os tempos e as pessoas, como dizia Santo Inácio.

(...)

Existem forças poderosas que podem neutralizar este processo de amadurecimento de uma mudança, que seja capaz de mudar o primado do dinheiro e pôr novamente no centro o ser humano, o homem e a mulher.

(...)

Então quem governa? O dinheiro. Como governa? Com o chicote do medo, da desigualdade, da violência financeira, social, cultural e militar que gera cada vez mais violência em uma espiral descendente que parece infinita.

(...)

O terrorismo começa quando se expulsa a maravilha da criação, o homem e a mulher, colocando no seu lugar o dinheiro.

(...)

O medo é alimentado, manipulado... Porque, além de ser um bom negócio para os comerciantes de armas e de morte, o medo debilita-nos, desestabiliza-nos, destrói as nossas defesas psicológicas e espirituais, anestesia-nos diante do sofrimento do próximo e no final torna-nos cruéis.

E ele finaliza com otimismo, ao discorrer:

Caros irmãos e irmãs, todos os muros ruem. Todos! Não nos deixemos enganar. Como vós mesmos dissestes: continuemos a trabalhar para construir pontes entre os povos, pontes que nos permitam derrubar os muros da exclusão e da exploração. Enfrentemos o terror com o amor!

Pois bem, essas palavras do Papa Francisco foram dirigidas a leigos e leigas de movimentos populares do mundo e guardam sintonia com o contexto atual do Brasil. Nessa seara, recorrendo às Diretrizes

Sociais da Igreja (também conhecida como Doutrina Social da Igreja), temos clara a necessidade de um humanismo integral e solidário, visto que, "ao descobrirmos que somos amados por Deus, compreendemos a dignidade transcendente e aprendemos a não se contentar de si e a encontrar o outro".

E dessa constatação se depreendem princípios fundamentais, alguns contemplados nas Diretrizes Sociais da Igreja, outros, também, no nosso ordenamento jurídico, em especial na Constituição Federal. Vejamos.

O Princípio da Dignidade da Pessoa Humana é um princípio fundamental, previsto no artigo 1º, inciso III, da Constituição Federal de 1988, que tem por finalidade, dada a sua qualidade de princípio fundamental, ou seja, de princípio fundante da República Federativa do Brasil, assegurar ao homem um mínimo de direitos que devem ser respeitados pela sociedade e pelo poder público, buscando preservar a promoção e a valorização do ser humano.

E esse princípio também está consagrado nas Diretrizes Sociais da Igreja e dele se extrai outros tantos. Vamos nos ater a alguns outros princípios dele derivados, capitulados na DSI:

O Princípio do Bem Comum e da Destinação Universal dos Bens: da dignidade das pessoas chega-se, por derivação, ao Princípio do Bem Comum, assim entendido como o conjunto de condições de vida social que permitem aos grupos e a cada um de seus membros atingirem de maneira mais completa a perfeição. Ou seja, o bem comum não é a soma dos bens particulares, mas, sendo de todos e de cada um, é e permanece comum, porque indivisível, e somente juntos é possível alcançá-lo, aumentá-lo e conservá-lo, também em vista ao futuro (*Compêndio da Doutrina Social da Igreja*, São Paulo, Paulinas, 2012, p. 101). Esse bem comum assim é de tal maneira que nenhuma forma de sociabilidade, seja ela familiar, grupal, associativa ou empresarial, nem mesmo de ficção jurídica, tal como uma cidade, um Estado ou um país, pode questionar. Aliás, o bem comum é a razão de ser da subsistência de qualquer forma de socialização. E não restam dúvidas de que todos temos responsabilidade pelo bem comum. Com mais razão, as autoridades políticas são responsáveis pela persecução do bem comum.

E uma implicação do bem comum é o *princípio* dele derivado: o da *Destinação Universal dos Bens*. Temos que: "Deus destinou a terra, com tudo que ela contém, para o uso de todos os homens e de todos os povos, de tal modo que os bens criados devem bastar a todos, com equidade, segundo a regra da Justiça, inseparável da caridade" (GS 69). Tal princípio tem fundamento ainda na Sagrada Escritura: "A origem primeira de tudo o que é bem é o próprio ato de Deus que criou a terra e o homem, e ao homem deu a terra para que a domine com o seu trabalho e goze dos seus frutos" (Gn 1,28-29). Ou seja, Deus deu a terra a todos os homens e mulheres, sem excluir, tampouco privilegiar ninguém! Portanto, essa é a razão do destino universal dos bens da terra.

E com base na Destinação Universal dos Bens, temos a *limitação ou relativização da propriedade privada*. Na tradição cristã, nunca foi reconhecido o direito à propriedade privada como absoluto e intocável. Muito pelo contrário, sempre se entendeu o direito à propriedade privada como subordinado ao direito ao uso comum. Portanto, a propriedade privada é um meio, mas não um fim, um instrumento para o respeito ao Princípio da Destinação Universal dos Bens.

Outra implicação, temos, desta vez, do Princípio da Destinação Universal dos Bens, que é *o necessário cuidado dos pobres, dos que se achem em condições de marginalidade, das pessoas cujas condições de vida lhes impedem um crescimento adequado*.

Outro importante princípio é o da *Subsidiariedade*, que consiste no cuidar da família, dos grupos, das associações e de todas as expressões coletivas, quer seja de cunho cultural, desportivo, econômico, educativo, político, profissional ou recreativo, em que as pessoas dão vida e, através das quais, é possível um crescimento social.

Por fim, outro princípio de significativa importância, sobretudo na realidade temporal do Brasil, é o *Princípio da Participação*, derivado do Princípio da Subsidiariedade. Desse princípio se extrai que o cidadão, por si ou associado a outros, diretamente ou por representantes, efetivamente contribui para as diversas facetas da sociedade civil organizada, ou seja, da vida em sociedade. Essa participação é um poder-dever, ou seja, podemos e devemos participar de forma consciente, em vista do bem comum.

E desse exercício de participação, chegamos à democracia. Na realidade esta deve ser a maior garantia, a razão de ser e de permanecer da democracia.

Portanto, a democracia pressupõe participação, que implica interação e envolvimento dos sujeitos da sociedade civil.

E aqui voltamos e encontramos respostas, se não para todos, para parte daqueles questionamentos iniciais.

Há caminhos para a política no Brasil? Há esperança de dias melhores na política e no trato com a coisa pública? É possível algo novo?

E conseguimos encontrar alento às inquietações e angústias, quer sejam individuais ou coletivas, na medida em que temos luzes no fim do túnel que podem levar, se não a respostas, ao caminho para respostas a estes questionamentos: *O que fazer? Como fazer? Quando fazer?*

O filósofo e sociólogo alemão Jürgen Habermas, em sua obra *Direito e democracia: entre facticidade e validade*, nos deixa algumas pistas. Vejamos.

Habermas, que define a imprensa como sendo o quarto poder que, a bem da verdade, ao nosso ver é o primeiro poder, ainda que não constituído positivamente (legalmente) como tal, o vê como uma indústria impeditiva, que segmenta a sociedade civil segundo os interesses e as ordens do mercado. Mas, de forma salutar, ele nos sinaliza três vertentes que deveriam ser norteadoras do papel e da missão dessa imprensa:

a) supervisionar o ambiente sociopolítico, de forma a garantir, com responsabilidade, o bem-estar dos cidadãos;

b) fomentar a consciência crítica;

c) defender o direito à participação.

E mais, Habermas recentemente escreveu que ante as realidades temporais que nos assolam, temos dois caminhos OU FAZEMOS VALER OS VALORES DO CRISTIANISMO ou INEVITAVEL-MENTE CAMINHAREMOS PARA A BARBÁRIE. Portanto, indiscutivelmente ele deixa aqui mais uma pista: buscarmos urgentemente a efetividade dos princípios das diretrizes sociais da Igreja, alguns deles nesta singela reflexão aventados.

E do conjunto das reflexões supracitadas, merece cuidado as filantropias, uma vez que estão associadas a um discurso ideológico da racionalidade capitalista, discurso este que deveria estar subordinado, ou abaixo da tão esperada humanização dos meios de produção, quer sejam eles científicos, comerciais, industriais, de prestação de serviços ou tecnológicos, mas que na maioria das vezes se sobrepõem à esta.

E não é demasiado destacar que, no impeachment, até mesmo os estudos de Max Weber, em sua crítica à "ética protestante" – segundo a qual vertentes calvinistas, dentre outras, apregoavam a salvação espiritual pelo trabalho –, se tornam mitigados, eis que nos surpreendem retrocessos como os implementados recentemente através da reforma da legislação trabalhista, em especial da CLT – Consolidação das Leis do Trabalho, que, espero estar enganado, mas penso que, uma vez que preconizará ainda mais o meio ambiente e as relações de trabalho, acabará por abrir os olhos, dentre outros, de parcela da sociedade que busca conforto na aludida ética protestante.

Por fim, não obstante o cenário sombrio que se apresenta, penso que temos sim um contexto favorável para colocarmos em prática não só os princípios das Diretrizes Sociais da Igreja, mas para minimizarmos e quiçá extirparmos contextos desfavoráveis como aqueles evidenciados pelo Papa Francisco, dentre outros, em seus discursos aos participantes dos Encontros Mundiais dos Movimentos Populares. Enfim, para alcançarmos dias melhores e o pleno exercício democrático. Vejamos algumas dentre tantas outras possibilidades que certamente temos no domínio popular:

a) nossa liberdade de formas de adesão a associações;

b) nossa liberdade de expressão;

c) nosso direito ao voto;

d) nossa elegibilidade para cargos eletivos;

e) nosso direito a concorrer, via concursos, a cargos públicos;

f) a possibilidade real e presente de fontes alternativas de informação;

g) a possibilidade e a realidade de nos associarmos a instituições que buscam nortear políticas governamentais, quer seja fiscalizando, quer seja sugerindo, quer seja motivando.

Portanto, temos que refletir e difundir que:

– A política está suja porque os cristãos não se envolvem com espírito cristão (Papa Francisco).

– A participação dos leigos na política é uma das mais altas formas de caridade, porque busca o bem comum (Papa Francisco, também afirmado por Bento XVI).

– O mal é alimentado pelo silêncio dos bons (Martin Luther King).

Segundo o IBGE, a população no Brasil é formada em 86,8% por cristãos. Já a população mundial tem 31,7% de cristãos.

Logo, façamos valer a afirmativa de Habermas: vamos ser protagonistas na efetivação dos valores cristãos, de forma a evitarmos a barbárie!

Tornando a profecia do Papa Francisco uma realidade, na medida em que, com nossa organização enquanto leigos e leigas, nossa luta "combatendo o bom combate" (2Tm 4,7), que possamos fazer os muros ruírem!

Assim, na virtude dos dons, as angústias produzidas pela sociedade serão as angústias dos cristãos que, buscando a dignidade, tanto no campo material quanto no campo humano, abrirão caminhos e farão prevalecer o plano de Deus também na política e nas relações com a coisa pública.

Os leigos e leigas são chamados à missão. E esperamos que nossa resposta seja como o SIM de Maria: EU POSSO COLABORAR!

E que nosso colaborar passe necessária e incondicionalmente pela não aceitação, na política e na coisa pública, de práticas contrárias ao plano de Deus, que colidam com os Princípios das Diretrizes Sociais da Igreja.

Que possamos, juntos e encorajados pela experiência comunitária, encontrar novas e efetivas formas de participação popular, influenciando e nos tornando mulheres e homens públicos, capazes de dar o direcionamento e o sentido à democracia!

E, assim, consigamos fazer pontes, enfrentando, com amor e princípios, o capital e o terror dele derivado. Afinal, no Evangelho de Marcos, temos que Deus quer amor e não sacrifícios e que o sábado foi feito para o homem e não o homem para o sábado (Mc 2,27). Assim Jesus enfrentou o pensamento hipócrita e presunçoso, com a inteligência humilde do coração, que dá sempre prioridade ao homem e não aceita que determinadas lógicas impeçam a sua liberdade de viver, amar e servir o próximo.

Por fim, que tenhamos a sensibilidade de resgatar os que desanimarem na caminhada!

E que possamos inverter a lógica de fazer políticas sociais para os pobres e não com os pobres. Só assim conseguiremos combater os descartes do sistema.

Por fim, que consigamos fazer novamente a esperança vencer o medo.

Espiritualidade e acompanhamento de cristãos leigos e leigas na política

Daniel Seidel

O acompanhamento de cristãos leigos e leigas na política constitui um dos maiores desafios para ação pastoral da Igreja. No campo da formação, tem surgido por todo o país, em várias dioceses e paróquias, escolas de fé e política; muitos pastores, bispos, presbíteros e religiosas incentivam a participação de cristãos na política, todavia, quando há o efetivo engajamento, ocorre um "estranhamento" da comunidade: ocorre um alijamento da liturgia; não se pode nem dar avisos ou, ao menos, participar das pastorais e dos movimentos eclesiais e, quando acontece, se é acusado de "instrumentalizar" os espaços eclesiais. Então, para que se incentiva o engajamento de cristãos na política?

Neste artigo pretende-se lançar luzes para a compreensão dessa realidade e comportamento na Igreja, com base na tradição dualista que separa fé cristã e vida, somando-se à atual onda de criminalização da política e à incompreensão do significado da participação política como a "mais alta forma do exercício da caridade". Em seguida, aprofunda-se a espiritualidade do conflito, como fonte e matriz para fortalecer a práxis cristã na política, de forma encarnada e coerente com o Evangelho. Finalmente, a partir das recentes cartas de Papa Francisco, oferecem-se princípios e caminhos para a prática do acompanhamento de cristãos leigos e leigas engajados na política, destacando-se o papel dos pastores e as iniciativas do Movimento Nacional Fé e Política.

Compreendendo o estranhamento de cristãos leigos e leigas na política

No contexto atual, marcado pela criminalização do exercício da política, principalmente se favorável à promoção dos mais pobres, numa perspectiva emancipatória, cristãos leigos e leigas que atuam diretamente em política são discriminados. Essas razões recentes convergem com uma perspectiva de vivência da fé cristã que separa fé e vida, espiritual do corporal; dificultando, sobremaneira, a compreensão do exercício da política como "caridade cristã". Vamos refletir cada um desses tripés que se combinam para que ocorra o estranhamento das pessoas de fé que participam efetivamente da política.

Separação entre fé cristã e vida

Remonta, aos primórdios da civilização ocidental cristã, o apartamento entre o espiritual e o corporal. É na Grécia antiga que se origina o dualismo que identifica o espiritual com o divino e o corporal com os desvios promovidos pelas paixões humanas. O termo conhecido na filosofia é "maniqueísmo". A influência helênica ocorre desde as primeiras comunidades cristãs, frutos da evangelização realizada pelos apóstolos, principalmente, por São Paulo Apóstolo, e, no período medieval, influencia a teologia por meio do platonismo, resultando numa das mais brilhantes obras de Santo Agostinho, *Cidade de Deus.*

Essa concepção se constitui numa prática eclesiológica onde a Igreja se concebe afastada do mundo, como um lugar da negação do mundo e de tudo que possa "contaminar" os cristãos na vivência de sua fé, de forma pura e ascética. Faz-nos recordar a condenação explícita que Jesus fez do "fermento dos fariseus" (Lc 12,1c), com sua lógica de separar o "puro" e o "impuro" (Mt 15,11).

É importante reafirmar que a tradição judaico-cristã originalmente não se submete à essa lógica; pelo contrário, em vários momentos dos relatos bíblicos, presenciamos Jesus ocupado com a cura dos enfermos, libertação dos presos, anunciando, inclusive, essa meta como sua principal missão, como se pode conferir em Lucas 4,18-21:

> "O Espírito do Senhor está sobre mim, pois ele me ungiu, para anunciar a Boa-Nova aos pobres: enviou-me para proclamar a libertação aos presos e, aos cegos, a recuperação da vista; para dar liberdade aos oprimidos e proclamar um ano aceito da parte do Senhor". Depois, fechou o livro, entregou-o ao ajudante e sentou-se. Os olhos de todos, na sinagoga, estavam fixos nele. Então, começou a dizer-lhes: "Hoje se cumpriu esta passagem da Escritura que acabastes de ouvir".

A mesma síntese, onde a vida plena é referenciada, encontra-se em João 10,10b: "Eu vim para que tenham vida, e a tenham em abundância". A lista de citações poderia crescer muito, todavia, para ilustrar com mais uma passagem do Evangelho, podemos citar a conhecida como a do "juízo final", Mateus 25,31-46, onde se revelam os critérios para salvação: "pois eu estava com fome, e me destes de comer; estava com sede, e me destes de beber; eu era forasteiro, e me recebestes em casa; estava nu e me vestistes; doente, e cuidastes de mim; na prisão, e fostes visitar-me" (Mt 25,35s).

Para superação desse "dualismo", pode-se aplicar à relação entre fé e política a fórmula encontrada pelo Concílio de Calcedônia (451 d.C.) para a cristologia, quando tratou da existência da dupla natureza (divina e humana) na única pessoa de Cristo: "União sem confusão, separação sem divórcio". Compreendendo que as relações se dão a partir de "esferas" ou "níveis": no *institucional*, são esferas diferentes, a fé pelas Igrejas e a política, por meio das instituições do Estado; no *âmbito pessoal*, é o mesmo sujeito histórico que é, simultaneamente, cristão e cidadão; e no *nível da práxis*, a mesma ação pode ter significado da revelação de Deus na história humana e ter consequências políticas.

Criminalização da política como negação da democracia

Esse é outro aspecto que agrava o tradicional comportamento de separar fé da vida: o atual contexto patrocinador *impeachment* constituiu um ambiente onde a "política" é criminalizada, vista como "coisa suja e corrupta". É uma campanha organizada pela grande mídia para que os cidadãos odeiem a política, não percebendo que é por ela que se tomam decisões que constroem possibilidades de igualdade ou que aprofundam terrivelmente a desigualdade social.

É uma atitude deliberada que agrava o afastamento que ocorre quando os cristãos se engajam na política: sua agenda é ocupada por uma diversidade de demandas que "retiram" a pessoa de seu cotidiano, colocando-a numa dinâmica sufocante de compromissos, visto que, por todo lado, novas iniciativas que retiram direitos são propostas pelo Governo Federal, para muitos ilegítimo.

Tal situação ficou complexa quando o judiciário se fortaleceu numa perspectiva de "politização" e até "partidarização" da justiça, criando um "estado de exceção", conforme mencionado por Wanderley Guilherme dos Santos, em *A democracia impedida* (FGV, 2017, p. 188). O clima persecutório do combate à corrupção, esta que é abominada por todos, se dirige contra um partido político ou a partidos e posições que apontam para maior igualdade social; deixando impunes líderes partidários e políticos que pertençam a partidos que dão sustentação ao golpe parlamentar ocorrido. Cada vez mais a famosa operação "Lava-jato" se revela como parte da estratégia da tomada do poder, rompendo com a jovem tradição democrática que se instaurava no país e entregando as riquezas nacionais e as estatais a interesses de grandes corporações transnacionais.

Assim, as pessoas que se envolvem com "política" ficam automaticamente "contaminadas", exceto aquelas que, "fazendo política que produz desigualdade social", negam a política e a querem submeter a ditames fundamentalistas, desejando proibir o salutar debate de ideias nas escolas (patrocinando a tal "escola sem partido"), ou mesmo o enfrentamento a violências contra as mulheres, contra jovens negros das periferias e contra pessoas de identidade homoafetiva. Essas são consideradas pessoas de sucesso, que irão "fazer a política dar certo", como se fosse um "negócio" ou um "programa de televisão", negando-se a essência da política, que é o diálogo e o debate de ideias, de forma democrática e participativa. São candidaturas impostas, "de fora da política", para "salvar a política dos políticos".

Mas fora da política realizada de forma participativa e democrática, o que resta? A lei do mais forte? Barbárie? Qual é o papel do Estado democrático de direito, consagrado na Constituição Federal de 1988? A justificativa da crise generalizada é manipulada para dar fundamento à implantação de um estado não democrático, de caráter neoliberal, que retira direitos conquistados há mais de uma centena de anos no Brasil. Os traços desse "estado" se implantam no país por meio da aprovação da lei da terceirização e da contrarreforma trabalhista, por exemplo. E querem avançar com a aprovação da contrarreforma da Previdência Social.

Incompreensão da política com a mais alta forma de exercício da caridade

É nessa vereda que se coloca o desafio de compreender a "política que considere os interesses da sociedade toda, é o campo mais vasto da caridade, da caridade política, da qual se pode dizer que nenhuma outra lhe é superior", já citada pelo Papa Pio XI (em discurso dirigido à Federação Universitária Italiana), em 1927, e implícita no

n. 31 da Exortação apostólica *Evangelii Nuntiandi*, sobre a evangelização no mundo contemporâneo, de Papa Paulo VI, *in verbis*:

> 31. Entre evangelização e promoção humana, desenvolvimento, libertação, existem de fato laços profundos: laços de ordem antropológica, dado que o homem que há de ser evangelizado não é um ser abstrato, mas é sim um ser condicionado pelo conjunto dos problemas sociais e econômicos; laços de ordem teológica, porque não se pode nunca dissociar o plano da criação do plano da redenção, um e outro a abrangerem as situações bem concretas da injustiça que há de ser combatida e da justiça a ser restaurada; laços daquela ordem eminentemente evangélica, qual é a ordem da caridade: como se poderia, realmente, proclamar o mandamento novo sem promover na justiça e na paz o verdadeiro e o autêntico progresso do homem? Nós próprios tivemos o cuidado de salientar isto mesmo, ao recordar que é impossível aceitar "que a obra da evangelização possa ou deva negligenciar os problemas extremamente graves, agitados sobremaneira hoje em dia, no que se refere à justiça, à libertação, ao desenvolvimento e à paz no mundo. Se isso porventura acontecesse, seria ignorar a doutrina do Evangelho sobre o amor para com o próximo que sofre ou se encontra em necessidade".

Depreende-se que a mais elevada forma do exercício da caridade, com base nos textos citados, não é "qualquer prática política", mas aquela política que "considere os interesses da sociedade toda" e que abranja "as situações bem concretas da injustiça que há de ser combatida e da justiça a ser restaurada; laços daquela ordem eminentemente evangélica, qual é a ordem da caridade". Esse diapasão é aquele que deve ser utilizado para mensurar as práticas políticas, evitando-se a tentação farisaica de condenar como se "todos fossem farinha do mesmo saco".

Na experiência como assessor político da CNBB, o autor deste artigo presenciou no cotidiano de acompanhamento ao Congresso Nacional mais de uma centena de parlamentares, entre deputados e senadores, que labutavam diariamente pelos valores humanos mais nobres, em coerência com a melhor tradição do Ensino Social da Igreja.

Era nítido o sofrimento, a solidão e, por que não dizer, o abandono desses políticos, sem nenhuma cobertura da grande mídia para seus "atos heroicos" em defesa da dignidade da pessoa humana e da destinação de recursos do orçamento para as políticas públicas, visando à proteção social dos mais empobrecidos da sociedade.

Discernimento a cada atitude e decisão é a exigência diária daquelas pessoas que se envolvem em política na perspectiva de promover o bem comum, a integridade dos biomas, a democracia, o estado de direito e a proteção social dos excluídos da sociedade. Daí a necessidade de uma profunda espiritualidade. Todavia, não é qualquer vivência de "espiritualidade", mas justamente a espiritualidade encarnada, a espiritualidade do conflito.

Espiritualidade do conflito

Fazendo memória do diálogo que Papa Francisco realizou com 120 superiores religiosos, em novembro de 2013, *in verbis*:

> ... A realidade dita que existam conflitos em todas as famílias e grupos humanos. E os conflitos precisam ser encarados de cabeça em pé: não deveriam ser ignorados. Encobri-los só cria uma panela de pressão que irá, por fim, explodir. Uma vida sem conflitos não é vida (cf. IHU).

Se a realidade das famílias e grupos humanos é marcada pela existência de conflitos, imagine-se como eles se avolumam nos espaços de enfrentamentos e decisões políticas, seja na arena do Legislativo, do Executivo, principalmente, nos conselhos, e também no Judiciário.

Assim, os cristãos leigos e leigas que assumem responsabilidades no campo da política são submetidos diuturnamente a conflitos, que devem, dentro da lógica do Evangelho, ser superados por meio do diálogo, chegando-se ao processo de tomada de decisões. É nesse processo que importa muito a luz da fé e os compromissos de vida que a pessoa assume. Viver a fé em meio à tranquilidade é importante, todavia, vivenciá-la, em meio a conflitos, é imprescindível. Daí a importância da maturação da fé cristã, não só no aspecto de seu conhecimento (teologia), mas, e principalmente, em sua dimensão existencial e que dá sentido à vida (teologal), nos momentos críticos de discernimento para tomada de decisões que definem a vida de centenas de milhares de pessoas no país.

Não é qualquer espiritualidade que sustenta um cristão leigo ou leiga numa realidade dura como a da política, conforme transcrito nos n. 195 e 196 do Documento 105 da CNBB, reproduzindo a Exortação *Evangelii Gaudium*, há "místicas que não servem":

> ... não servem as propostas místicas desprovidas de um vigoroso compromisso social e missionário, nem os discursos e ações sociais e pastorais sem uma espiritualidade que transforme o coração. Estas propostas parciais e desagregadoras alcançam só pequenos grupos e não têm força de ampla penetração, porque mutilam o Evangelho. É preciso cultivar sempre um espaço interior que dê sentido cristão ao compromisso e à atividade (EG, n. 262).

O seguimento de Jesus e de seu projeto traz consequências concretas. A vivência de seu anúncio, principalmente, por meio da luz do testemunho de vida e das decisões tomadas, desestabiliza toda estrutura, social ou política, fundada na injustiça e no poder. A rejeição e a perseguição, seguidas geralmente da difamação pública, são consequências de quem vive com a radicalidade necessária o Evangelho.

Fé encarnada

"Não podemos querer um Cristo sem carne e sem cruz" (Documento 105, n. 184). A espiritualidade cristã tem por seu fundamento o mistério da encarnação e de redenção de Jesus Cristo. Repetindo o texto da *Evangelii Nuntiandi*, em seu n. 31:

> Entre evangelização e promoção humana, desenvolvimento, libertação, existem de fato laços profundos: laços de ordem antropológica, dado que *o homem que há de ser evangelizado não é um ser abstrato, mas é sim um ser condicionado pelo conjunto dos problemas sociais e econômicos*; laços de ordem teológica, porque não se pode nunca dissociar o plano da criação do plano da redenção... (grifo nosso).

"E a Palavra se fez carne e veio morar entre nós" (Jo 1,14a) é o que lemos no início do Evangelho segundo João. O Filho de Deus veio caminhar conosco, fazendo uma experiência de um "Deus-conosco" que conhece profundamente a história humana. Destarte, toda condição humana e da Criação, principalmente naquela em que a vida se encontra mais ameaçada de violações em sua dignidade e integridade, aí é preciso estar como presença do Evangelho.

Nessa direção nos afirma o início da Constituição Pastoral *Gaudium Et Spes*, fruto do Concílio Vaticano II:

> As alegrias e as esperanças, as tristezas e as angústias dos homens de hoje, sobretudo dos pobres e de todos aqueles que sofrem, são também as alegrias e as esperanças, as tristezas e as angústias dos discípulos de Cristo; e não há realidade alguma verdadeiramente humana que não encontre eco no seu coração (GS, n. 1).

Decorre de nossa fé o seguimento de Jesus Cristo e o engajamento para fermentar o Reinado de Deus na história. A participação na política é um caminho privilegiado de vivência da espiritualidade encarnada, pois, por meio dela, pode-se criar as condições necessárias para que haja o desenvolvimento humano integral, com respeito à Mãe-Terra, com a implantação de políticas públicas que promovam o despertar das potencialidades que cada pessoa humana e suas comunidades trazem. Não há de se abdicar dessa missão. A encíclica "Deus é caridade" nos alerta, todavia:

> A Igreja não pode nem deve tomar nas suas próprias mãos a batalha política para realizar a sociedade mais justa possível. Não pode nem deve colocar-se no lugar do Estado. Mas também não pode nem deve ficar à margem na luta pela justiça. (...) A sociedade justa não pode ser obra da Igreja; deve ser realizada pela política. Mas toca à Igreja, e profundamente, o empenhar-se pela justiça trabalhando para a abertura da inteligência e da vontade às exigências do bem (*Deus Caritas Est*, n. 28,b).

Por isso, os cristãos leigos e leigas atuam na sociedade a partir de sua motivação de fé, orientados pelos princípios do Ensino Social da Igreja, mas não como um "partido político", e sim de forma organizada, junto com outros homens e mulheres de boa vontade, que, mesmo sem compartilhar da mesma fé cristã, se colocam no mesmo horizonte humanista de promoção da dignidade da pessoa humana e defesa da integridade da Criação, da qual fazemos parte.

Assim, não há como seguir a Cristo, sem tomar a nossa cruz, porque:

> Tal Cristo, tal cristão. O conflito está na raiz da experiência cristã do seguimento de Jesus. O conflito faz parte da vida do cristão; não é um evento nem um acidente de percurso; é consequência de uma opção sincera e comprometida em favor do Reino. (...) Aqui não se trata de criar e alimentar uma "espiritualidade conflitiva", nem de supervalorizar o conflito. Na verdade, o conflito e a cruz nunca constituem um valor em si mesmos (...) a única espiritualidade autêntica é a que brota

do seguimento de Jesus e que, portanto, não é o conflito que santifica, mas a identificação com Jesus, sujeito de conflito e perseguição (Palaoro, A.s.j. em *A fidelidade nos conflitos*).

Palavra e Eucaristia

Nesse turbilhão de desafios que a participação política dos cristãos leigos e leigas enfrenta, é preciso alimentar a fé. O Documento 105 em seu n. 185, orienta:

> O Concílio Vaticano II recomenda que os leigos alimentem sua espiritualidade na Palavra de Deus e na Eucaristia, "fonte e centro de toda a vida cristã". Nela os cristãos apresentam a Deus, por Jesus Cristo, o louvor de suas vidas, nutrem a fé, a esperança e a caridade, expressam a fraternidade e são enviadas novamente em missão.

A leitura diária da Palavra de Deus proposta pela liturgia da Igreja é um caminho de diálogo permanente para o cristão leigo e leiga, que precisa organizar-se para "tomar fôlego", reservar um tempo, e perceber, por meio do método da "leitura orante" ou na sua oração pessoal, familiar ou comunitária do Ofício Divino das Comunidades, Deus agindo e falando em sua vida. Por vezes, a sensação é de que Deus está "clamando", chamando-nos atenção para dimensões e sensibilidades de sua presença nos mais inusitados momentos e gestos do cotidiano. É a memória perigosa do seguimento que nos anima a viver o Evangelho com *parresia*, ou seja, com audácia, valentia e ousadia, centrando-nos em Jesus Cristo e nos deixando guiar pelo seu Espírito, com a dimensão misericordiosa do Deus-Pai.

A Eucaristia, causa e cume de toda a práxis libertadora na política, faz-nos percorrer o mistério da vida, paixão, morte e ressurreição de Cristo, pelo menos a cada semana; renova de maneira vigorosa a nossa entrega à missão, faz circular a "seiva", sempre nova, nos "ramos da videira" e proporciona a vivência do paradoxo teologal: entramos em contato com a nossa fragilidade humana e, nela, sentimos a força renovadora do Espírito Santo, que protagoniza a esperança para seguirmos adiante na revelação dos sinais do Reinado de Deus na história. É viver a antecipação da utopia buscada: o já pleno e o ainda não. Nela trazemos as contradições vivenciadas no cotidiano da política, louvamos ao Criador e nos ofertamos para ser transformados em presença redentora na sociedade, abertos ao diálogo, mas com fidelidade ao seguimento de Jesus Cristo, sem fundamentalismos e sem dogmatismos.

Palavra e Eucaristia são caminhos para alimentar a vida de oração, necessária e imprescindível, dos cristãos leigos que priorizam a vivência da espiritualidade política. As experiências de fé oriundas do catolicismo popular, protagonizadas pelos povos e comunidades tradicionais, podem ser ricas fontes de renovação espiritual para os homens e mulheres de fé que atuam na política, afinal, "não escolheu Deus os pobres aos olhos do mundo para serem ricos na fé e herdeiros do Reino que prometeu aos que o amam?" (Tg 2,5b).

Necessidade de grupos de apoio e comunidade

Um dos maiores desafios para os cristãos leigos e leigas na política é a solidão. As exigências do engajamento político e a ausência da convivência familiar geram sofrimento, provocando, em muitos casos, a ruptura dos laços afetivos. Todavia, a fé não é uma experiência apenas individual, sua dimensão familiar e comunitária é parte intrínseca da vivência da espiritualidade cristã.

Nosso Deus é uno e trino. É comunidade de amor, por isso nada pode ser pior para um cristão leigo ou leiga do que o isolamento, principalmente nos momentos de perseguição. Faz-se imperativo construir grupos ou redes de apoio para que a missão coletiva seja sustentada pelas pessoas que sonharam com a conquista do mandato participativo e popular. Contribuem nesses casos os métodos da Ação Católica Especializada: Revisão de Vida e Revisão de Prática. "Ser Igreja" é, antes de tudo, "ser comunidade". A palavra Igreja tem sua origem na palavra grega *ekklesia*, que quer dizer "assembleia", ou seja, comunidade, participação, integração em função de uma missão.

Nesse espírito, há necessidade de formação de comunidades que acolham cristãos leigos e leigas que vivenciam uma espiritualidade política, para que este homem ou mulher possam participar como mais um integrante, com suas vivências diferenciadas. Cada pessoa numa comunidade cristã tem sua peculiaridade, algum tipo de participação e vivência da fé. A Comissão de Fé e Política do CNLB tem se ocupado dessa missão.

Essa proposta, apesar de singela, não é trivial, seja porque há de se considerar a reflexão feita no início deste artigo, quando abordamos a discriminação que sofrem os cristãos leigos e leigas que atuam na política; seja porque muitas das pessoas que exercem cargos ou funções em espaços públicos têm dificuldade de se colocar como "mais uma". Trazem para o ambiente da comunidade a necessidade de reconhecimento, que outros espaços de poder proporcionam (apesar de nem sempre serem autênticos, às vezes tal acontece por causa de interesses diversos).

Caminhos para acompanhamento de cristãos leigos e leigas engajados

Esse é principal desafio para o acompanhamento dos cristãos leigos e leigas: proporcionar que sejam parte de uma comunidade concreta, onde se sintam escutados e acolhidos em suas angústias específicas, e, ao mesmo tempo, dando testemunho de uma vida entregue à missão. Aqui cumprem papel preponderante os pastores (sejam bispos, sacerdotes ou religiosos), criando espaços sistemáticos de escuta qualificada, mais do que demandantes das causas populares; proporcionando diálogo e abertura para acolher os movimentos sociais em suas mobilizações na luta por direitos; colocando-se no meio ou atrás para apoiar e criar retaguarda, colhendo deles seus aprendizados e angústias.

O Movimento Nacional Fé e Política, a cada dois anos, realiza, com apoio de pessoas da cidade que o acolhe, os Encontros Nacionais Fé e Política, como espaço de aprofundamento da práxis política, celebração da fé e troca de experiências; realiza também Seminários Nacionais; além disso, pretende lançar em 2018, durante o Ano Nacional do Laicato, uma pesquisa-ação que identifique as várias formas que existem de acompanhamento de cristãos leigos e leigas que atuam na política, com vistas a fortalecer essa dimensão primordial, destacada como parte do tripé de sustentação do protagonismo do laicato para realização de uma ação transformadora na sociedade brasileira: formação, acompanhamento e espiritualidade (Documento 105 da CNBB, n. 230), já destacada nos n. 193 a 195 do Documento da Conferência Episcopal Latino-americana de Aparecida (2007).

Começam a se multiplicar Grupos Fé e Política, alguns autônomos, outros ligados a Pastorais Fé e Política, ou a Escolas Fé e Política, onde tenham realizado sua formação. Há grupos que se articulam via redes sociais (Whatsapp e Facebook), como os alunos do CEFEP (Centro Nacional Fé e Política Dom Helder Camara, que também possui boletim, conferir: www.cefep.org.br). Muitos se encontram mensalmente, realizando estudos e celebrações, aproveitando artigos, notícias e indicações da página do Movimento Nacional (www.fepolitica.org.br). Há centros de espiritualidade mantidos por congregações religiosas e mosteiros que promovem retiros destinados a cristãos leigos e leigas, com momentos coletivos e de escuta pessoal, proporcionando a iluminação a partir da fé do projeto de vida pessoal, familiar e comunitário desses homens e mulheres que testemunham sua fé no mundo da política.

Muito há que fazer, por isso, concluo recordando os quatro princípios (Documento 105, n. 249, EG, n. 210-234) que Papa Francisco apresenta na *Evangelii Gaudium*, inspiradores para a práxis dos cristãos leigos e leigas, a fim de que tenham efetividade na ação transformadora: 1) O tempo é superior ao espaço; 2) A unidade prevalece sobre os conflitos; 3) A realidade é mais importante que as ideias; e 4) O todo é superior à parte.

O Ano Nacional do Laicato, em realização até a Solenidade de Cristo Rei de 2018, abre uma oportunidade inédita para que possamos, participativamente, construir espaços e momentos de acompanhamento a cristãos leigos e leigas engajados na política. Caminhemos juntos!

As Escolas de Fé e Política no processo de formação integral do sujeito eclesial e de direitos

Luiz Henrique Ferfoglia Honório

Como membro da Rede de Assessores do Centro Nacional de Fé e Política "Dom Helder Camara" (CEFEP) e coordenador da Comissão de Fé e Política do Conselho Nacional do Laicato do Brasil (CNLB), pude conhecer, por meio de assessorias, encontros, seminários e formações temáticas, diversas experiências de Escolas de Fé e Política existentes nos regionais, arquidioceses, dioceses de todo o país. Hoje são aproximadamente setenta escolas existentes, sendo a maioria delas vinculada a sua respectiva diocese ou regional da CNBB.

Ainda pouco conhecidas no grande contexto eclesial e social, essas instituições assumem o desafio de propor a mudança do entendimento do que venha ser a política, bem como de mostrar como essa atividade influencia diretamente a vida das pessoas. Em sua metodologia de atuação, as Escolas de Fé e Política proporcionam ao seu público-alvo a efetivação de uma ação concreta, como forma de cumprir a sua missão pedagógica e, desse modo, contribuir para uma mudança da realidade política brasileira.

Elas surgem no cenário eclesial, a partir do ano de 1991, de tal modo que nas Diretrizes Gerais da Ação Pastoral da Igreja no Brasil, para o quadriênio 1991-1994, utilizou-se, pela primeira vez, a nomenclatura Escolas de Fé e Política. Nesse documento, perguntou-se também a quem caberia a tarefa de dar uma formação estritamente política (Partidos? Entidades? Estado?), e a resposta foi dada com a seguinte afirmação: "Se não o fazem ou se fazem em dissonância com os valores evangélicos, a Igreja, querendo evangelizar a dimensão política, deverá fazê-lo" (DGAE, 1991-1994, p. 95).

Grande parte dessas escolas tem em sua gênese a influência da Campanha da Fraternidade de 1996, cujo tema foi "Fraternidade e política", apesar de ser necessário reconhecer que, em termos históricos, existiram no passado outras experiências semelhantes ao longo do processo histórico-pastoral, como, por exemplo, a Liga Eleitoral Católica, o Centro Dom Vital, a Ação Católica Especializada, as Comunidades Eclesiais de Base e o Ibrades.

A experiência riquíssima dessas escolas demonstra o potencial enorme que a Igreja do Brasil oferece como instrumento de formação de seus membros e de todo o público com o qual ela se relaciona, atendendo o que preconiza o Documento de Aparecida n. 497, de que "O laicato como um todo é um verdadeiro sujeito eclesial". A noção de sujeito remete à noção de criatura, distinta do Criador, chamada a dialogar com ele e eticamente responsável pelo destino de si e da história, como membro de um povo e na perspectiva do futuro prometido por Deus. Nessa mesma perspectiva, as escolas acabam compreendendo esse sujeito eclesial como também um sujeito de direito, que se constrói na relação com o outro, com a cultura, com as instituições da sociedade em que vive, de modo a fugir da perspectiva individualista, tratando-o como um sujeito único em sua subjetividade.

Escolas de Fé e Política, instituições de referência na educação e formação dos indivíduos

No bojo dos projetos de educação para a qual se destinam essas instituições, é importante ressaltar que as mesmas partem de uma consciência clara e explícita dos fundamentos que norteiam seus propósitos e finalidades, como também dos meios utilizados para se chegar ao objetivo planejado.

Todas elas partem dos valores espirituais do Reino de Deus, das grandes indicações teológico-pastorais e éticas da Doutrina Social da Igreja, como também da incorporação de uma educação voltada para a consolidação de uma cultura de respeito à dignidade humana, por meio da promoção e da vivência dos valores da liberdade, da justiça, da igualdade, da solidariedade, da cooperação, da tolerância e da paz; valores esses conquistados pela sociedade moderna e que são originários de Jesus de Nazaré. Sendo assim, os conteúdos e métodos empregados por essas escolas visam propiciar a formação de uma cultura capaz de criar, influenciar, compartilhar e consolidar mentalidades, costumes, atitudes, hábitos e comportamentos dos valores ora citados, na perspectiva sempre de transformá-los em práticas.

Ao propor uma educação voltada para a transformação prática dos valores mencionados, as escolas incorporam a dimensão autêntica da fé e encontram ressonância nas palavras do Papa Francisco que reforçam esse pensamento: "Uma fé autêntica – que nunca é cômoda nem individualista – comporta sempre um profundo desejo de mudar o mundo, de transmitir valores, de deixar a terra um pouco melhor depois da nossa passagem por ela" (cf. EG, n. 183).

No caso brasileiro, no qual nossas Escolas de Fé e Política estão inseridas, a necessidade da mudança solicitada pelo papa exige um ingrediente a mais: o acompanhamento da radicalidade, já que a mudança almejada precisa interferir no modo de agir e de pensar do seu povo, marcado muitas vezes por preconceito, discriminação, não aceitação de direitos de todos nem da diferença, herança histórica do longo período escravagista, da nossa política oligárquica e patrimonial, de um modelo de ensino autoritário e elitista, de nossa complacência com a corrupção e privilégios dos governantes e das elites, de nossas práticas religiosas e de nosso sistema familiar patriarcal, machista, racista e preconceituoso, além do desinteresse da participação cidadã atrelado ao modelo individualista e consumista que marcam o processo de construção da sociedade brasileira.

Diante desse contexto no qual as escolas estão inseridas, as mesmas passam a desenvolver uma função social importante na relação com seus educandos ao proporcionarem a convivência numa cultura de diversidade e de direitos, em que os valores e posicionamentos trazidos, incorporados e cristalizados dentro de nós pela herança descrita anteriormente, passam a ser questionados, revistos e incorporados às novas crenças e a um novo modo de agir, aprofundando a compreensão da dignidade da pessoa, da integridade da criação, da cultura da paz, do espírito e do diálogo inter-religioso e intercultural, para superar as relações desumanas e violentas, atuando de forma decisiva na construção de um novo sujeito.

As Escolas de Fé e Política e o seu papel na complexa engrenagem social

A compreensão do mundo de hoje é um grande desafio. O saber ler os sinais dos tempos é uma tarefa educativa fundamental para a vida cristã. Um dos enormes desafios experimentados pelas Escolas de Fé e Política, ultimamente, é o confronto ante a dura realidade social vivenciada em nosso país. Observa-se no dia a dia a predominância da insatisfação e a descrença geral com o atual sistema político brasileiro. Há um descontentamento e incredibilidade com as instituições públicas, dentre elas o próprio Estado Brasileiro, representado em todas as suas esferas, o poder Judiciário e os partidos políticos, vistos como espaços de corporativismo e manutenção do sistema vigente. Esse sentimento é alimentado muitas vezes pela mídia, que reforça uma visão negativa dessas instituições e da própria política.

Como consequência desse processo, observa-se no Brasil e no mundo todo um amplo sentimento de desvalorização e deslegitimação dos governos, inclusive daqueles constituídos na legitimidade democrática, questionando-se também o próprio processo eleitoral utilizado para essas escolhas e o modelo de regime político adotado mundo afora. Experimenta-se ainda a vivência diante das crises no campo econômico, das lutas coletivas, da democracia representativa, da sustentabilidade, do mundo do trabalho, da religião e da espiritualidade.

No aspecto do indivíduo, verifica-se que há no país uma propensão a posições autoritárias, o que pode estar relacionado ao medo da violência, conforme recente pesquisa realizada pelo Fórum Brasileiro de Segurança Pública (FBSP), em conjunto com o *Datafolha*, divulgada em dezembro de 2017. Para o diretor-presidente do FBSP, o sociólogo Renato Sérgio de Lima, em entrevista a DW Brasil (Deutsche Welle é uma empresa pública de radiodifusão da Alemanha), essa pesquisa demonstra que hoje há espaço no Brasil para posições políticas e ideológicas que reforçam preconceitos, posições reacionárias e atitudes de intolerância, e que a forma de resolver conflitos é por meio de posturas autoritárias e violentas.

Há uma grande parcela da população brasileira que se torna vítima tanto da violência quanto da violação de direitos, de modo que as pessoas se sentem decepcionadas com o Estado burocrático e incompetente que não consegue dar as respostas por elas esperadas, que não consegue fazer frente aos poderes paralelos com predominância das empresas transnacionais e do crime organizado, das políticas sociais que não garantem sua cidadania plena, um dos rostos da caridade em nosso tempo.

Eclesialidade e cidadania não podem ser vistas de maneira separada. É nesse contexto que a Igreja do Brasil apresentou a sociedade brasileira, servindo de referência ao trabalho das Escolas de Fé e

Política, o documento intitulado "Por uma Reforma do Estado com Participação Democrática" (Documento 91 CNBB), que objetiva colocar em debate propostas de reformas que se fazem necessárias, diante da abrangência e urgência que os problemas atuais requerem. O documento utiliza-se para isso das palavras do Papa Bento XVI, que sugere a necessidade de:

> Uma renovada avaliação do papel e poder (do Estado), que hão de ser sapientemente reconsiderados e reavaliados para se tornarem capazes, mesmo através de novas modalidades de exercício, de fazer frente aos desafios do mundo atual. Com uma função melhor calibrada dos poderes públicos, é previsível que sejam reforçadas as novas formas de participação na política nacional e internacional que se realizam através da ação das organizações operantes na sociedade civil; nesta linha, é desejável que cresçam uma atenção e uma participação mais sentidas na "res-publica" por parte dos cidadãos (BENTO XVI, *Caritas in Veritate*, n. 24).

Diante da situação ora apresentada, as Escolas de Fé e Política espalhadas pelo Brasil se tornam espaços propícios de convivência, sob a ótica da diversidade e da heterogeneidade, e são vistas como locais bastante privilegiados para se trabalhar a formação do sujeito eclesial e de direitos atuante no mundo, tendo como princípio fundamental o desenvolvimento de valores relativos à coletividade, à resolução de conflitos e à compreensão das mais diversas formas de ser e existir.

É fundamental entender que as escolas, ao desenvolverem sua metodologia de ensino, o fazem cientes de que é seu papel problematizar temas históricos, sociais, políticos e culturais, de modo a provocar nos educandos a construção de uma visão crítica do mundo, fazendo com que haja sempre a preocupação do alinhamento entre o discurso e as ações concretas.

As Escolas de Fé e Política ante o desafio do discurso da antipolítica

Um problema recorrente enfrentado pelas Escolas de Fé e Política é lidar com o imaginário da população brasileira de que somos 205 milhões de cientistas políticos no país, o que pode ser constatado ao se analisar as redes sociais ou outros tipos de mídia, por exemplo. A clássica frase: "Futebol, política e religião não se discute" não faz sentido quando se usam as telas dos computadores e celulares. Emitir opinião sobre tudo é realidade presente nesse meio.

Parte desse universo de novos "cientistas políticos" é forjada por meio de influências dos mesmos instrumentos citados anteriormente, e que se tornaram um quarto poder instituído com alto grau de concentração, utilizando-se de formas de manipulação da realidade, da vida cotidiana e da própria política. Essa manipulação midiática transforma atores sociais e políticos em heróis ou vilões, conforme interesses da classe dominante, de modo a incorporar no imaginário das pessoas um sentimento de traição e responsabilidade pela crise vivenciada.

Os sentimentos apresentados colocam a política em descrédito no país e a participação popular efetiva reduz drasticamente, trazendo consigo dois dados preocupantes que mostram esse descrédito.

O primeiro deles é a recente queda do Brasil no *ranking* de países mais democráticos do mundo. Numa pesquisa realizada pela *Economist* e divulgada pela rede BBC em 2016, mostrou-se que o Brasil caiu sete posições, passando da 44ª para a 51ª posição. O segundo dado é ainda mais preocupante. Em outra pesquisa, agora realizada pelo Instituto Latinobarometro e divulgado pelo jornal *Estadão* também em 2016, verificou-se que o apoio do povo brasileiro ao regime democrático caiu drasticamente, saindo de 54% para 32%, levando o país a obter a maior queda entre todos os países pesquisados e atingindo a penúltima colocação do *ranking*, ficando à frente apenas da Guatemala, com 31% de apoio a esse regime.

O dado extremamente significativo demonstra que, diante do quadro político atual, qualquer regime político é válido e, portanto, a participação e o exercício da cidadania se tornam uma mera trivialidade.

Para trabalhar nesse contexto de crise, as Escolas de Fé e Política exploram amplamente o conceito de democracia e sua influência real na vida das pessoas. O conceito aqui entendido sobre a democracia é de ser um sistema que possibilita estabelecer controles sobre os governantes, como também sobre o processo de tomada de decisão. Como lembra Robert Dahl, ela é uma aposta na capacidade humana de autonomia, de escolher o próprio destino.

Observa-se que, na prática, a democracia ainda não foi implantada de fato no país, pois as decisões que definem o modo operacional desse sistema político estão nas mãos de grupos que detêm o poder de fato, obtendo ainda um quase direito de veto sobre as propostas alternativas de mudanças nas oportunidades de vida de quem não possui tal poder.

Não são raros os casos em que também não se aplica, de fato, o conceito correto de democracia. Analisando, por exemplo, as cidades – espaços onde quase a totalidade das pessoas vive –, é possível encontrar ilhas de prosperidade ou zonas de conforto dotadas de requisitos de urbanidade, segurança, saneamento básico, entre outros serviços, em confronto com lugares remotos e carentes de serviços básicos, como água ou eletricidade, por exemplo; tudo isso sob a ótica e o marco da legalidade. Nesse sentido, é justo afirmar que vivemos em uma sociedade politicamente democrática, porém socialmente desigual.

Ainda sob o marco da legalidade, mesmo sob o descrédito no regime democrático, é justo afirmar que, politicamente falando, a sociedade na qual as escolas estão inseridas é democrática, já que minimamente há liberdade de expressão. Relativa, mas existe. Experimentamos, desde o final do regime militar no Brasil, eleições livres, mesmo que sofrendo todo tipo de manipulação. Existe, sim, um mínimo de credibilidade democrática, porém, os assuntos e as formas de organização da sociedade estão subtraídos do jogo democrático. Pensar formas e alternativas de implantação de fato da tão almejada democracia é tarefa primordial das Escolas de Fé e Política.

O controle social como exercício da cidadania

A transformação da sociedade almejada nos processos formativos das Escolas de Fé e Política passa pelo desafio do enfrentamento da corrupção, que encontra eco nas palavras do Papa Francisco, que trata o problema como:

> Esta praga apodrecida da sociedade é um pecado grave que brada aos céus porque mina as próprias bases da vida pessoal e social. A corrupção impede de olhar para o futuro com esperança porque, com a sua prepotência e avidez, destrói os projetos dos fracos e esmaga os mais pobres. É um mal que se esconde nos gestos diários para se estender depois aos escândalos públicos. A corrupção é uma teimosia no pecado que pretende substituir Deus com a ilusão do dinheiro, como forma de poder...
> Para erradicá-la da vida pessoal e social são necessárias prudência, vigilância, lealdade, transparência, juntamente à coragem da denúncia. Se não se combate abertamente, mais cedo ou mais tarde, torna-nos cúmplices e destrói-nos a vida (FRANCISCO. Bula de proclamação do Jubileu Extraordinário da Misericórdia, n. 19).

A forma de combate a esse pecado, adotada pelas Escolas de Fé e Política no Brasil, é o estímulo da participação nas mais variadas formas de controle social existente. Seguindo nessa direção, a

CNBB, em documento aprovado na assembleia geral do ano passado, "Cristãos leigos e leigas na Igreja e na sociedade", chamado de Documento 105, traz orientações práticas para o assunto. Dentre essas orientações, ressalta-se a iniciativa apontada no n. 263 desse documento, onde está dito que se deve "impulsionar os cristãos a construírem mecanismos de participação popular que contribuam com a democratização do Estado e com o fortalecimento do controle social e da gestão participativa".

O trabalho aqui desenvolvido pelas Escolas visa também resgatar o processo histórico da participação popular no país, sua trajetória e o significado do controle social na política.

A finalidade almejada é intensificar o controle social sobre a gestão pública no Executivo, no Legislativo e no Judiciário. Para tanto, o trabalho concentra-se na organização de comitês populares de acompanhamento da execução orçamentária, de acompanhamento das ações legislativas e de observatórios sociais das políticas públicas.

A participação no controle social exige a superação da dicotomia de que a sociedade civil é um polo sagrado de virtualidades democratizadoras e de realização do bem comum, ao contrário do Estado, que é satanizado por ser o responsável por todos os males que afetam a sociedade e que se resume num lugar cuja finalidade única é a disputa pelo poder.

O controle social como processo político pressupõe: governantes democráticos, canais de participação que favoreçam o protagonismo da sociedade nos assuntos de interesse público e a existência de uma sociedade civil mobilizada, consciente e politicamente ativa; tarefa fundamental no processo pedagógico das Escolas de Fé e Política.

As Escolas de Fé e Política e o compromisso sociopolítico transformador

As escolas existentes procuram, dentre outras coisas, estabelecer um duplo compromisso perante a realidade política, aliando seu papel de conectar a dimensão divina da fé com a atividade humana presente nos mais variados setores da nossa sociedade. Como responsáveis pela formação política de seus educandos, insere como compromisso de provocação nos mesmos o resultado da ação no campo social, para que o conteúdo abordado não fique apenas na teoria e encontre respaldo para esse trabalho, ao se deparar com as palavras do Papa Paulo VI, ao dizer:

> Seria bom que cada um preocupasse em examinar-se para ver o que é que já fez até agora e aquilo que deveria fazer. Não basta recordar os princípios, afirmar as intenções, fazer notar as injustiças gritantes e proferir denúncias proféticas; estas palavras ficarão sem efeito real se elas não forem acompanhadas, para cada um em particular, de uma tomada de consciência mais viva da sua própria responsabilidade e de uma ação efetiva (PAULO VI, *Octagesima Adveniens*, n. 48).

Viver a experiência da fé, junto com a ação presente em nossa sociedade, é uma excelente maneira de unir teoria e prática e isso gera, consequentemente, um processo de evangelização pessoal e coletivo. Precisamos sempre recordar que, segundo o concílio, "a separação entre a fé professada e a vida efetiva é um dos mais graves erros de nosso tempo" (VATICANO II. Constituição pastoral *Gaudium et Spes*).

As implicações políticas da nossa fé, advindas da tomada de consciência mais viva da sua própria responsabilidade e de uma ação efetiva solicitada pelo Papa Paulo VI, não se resumem à destinação desse pedido a um público restrito ou específico. Na prática, observa-se que boa parte do público presente nos processos formativos das escolas advém de grupos ligados tradicionalmente às pastorais sociais, como se isso fosse um dos carismas ao qual apenas esse público se dedica. De certa forma, é algo até natural, já que eles acabam por priorizar essa reflexão e colocam isso a serviço de outros, o que não é uma atividade opcional entre tantas outras.

Diante das inúmeras frentes possíveis de ação que contribuem para um resgate adequado das dimensões políticas da fé, faz-se necessário uma compreensão: "Todos e cada um têm o direito e o dever de participar da política, embora em diversidade de formas, níveis, funções e responsabilidades", conforme indica a Exortação apostólica *Christifideles Laici*, n. 42.

Noutro documento da Igreja Católica, as formas e níveis de participação, as funções e responsabilidades são complementadas de modo a definir locais próprios dessa participação e, assim: "Uns se dedicarão a atividades pessoais, comunitárias, outros a sindicatos e associações, outros, ainda, à própria política partidária, candidatando-se e exercendo mandatos políticos" (VATICANO II. Constituição pastoral *Gaudium et Spes*).

Para aqueles que se sentem vocacionados ou que buscam ocupar espaços no poder público estatal, por meio de mandatos eletivos nos vários cargos existentes, é preciso que esse serviço seja feito por meio de um projeto do "Reino" e, portanto, que sua forma de atuação se dê nos períodos eleitorais ou no exercício dos próprios mandatos, e se diferencie daqueles vistos costumeiramente, que se caracterizam apenas por serem os mais "honestos" ou que se limitam apenas às questões morais da doutrina católica.

As escolas devem mobilizar o povo a participar criticamente no processo eleitoral, a fim de que a política esteja a serviço do bem comum e que o exercício do poder seja vivenciado como serviço ao outro, sobretudo aos que sofrem com situações de pobreza e desrespeito à sua dignidade. Também deve concentrar esforços no incentivo de participação do seu público junto ao processo de fiscalização eleitoral, combatendo e denunciando as fraudes e corrupções observadas, buscando sempre ter em conta a vontade popular e que ela seja exercida de fato, respeitando o princípio ético e valorizando aqueles que norteiam sua vida política por esse caminho.

Uma das formas de exercer esse trabalho é implantar ou engajar-se nos comitês da Lei 9.840, para que se faça valer a vontade popular.

Essa lei, publicada em 1999, que combate os crimes eleitorais, já mostrou sua eficiência ao punir, com a perda de mandato, vários candidatos que compraram voto ou que usaram da máquina pública em benefício próprio. É importante ressaltar que essas cassações só aconteceram devido à participação efetiva de vários leigos e leigas nesses comitês, que trabalham de forma articulada pelo Brasil afora.

As ações desenvolvidas por nossas escolas, conforme podemos perceber, refletem um efeito prático contrário àquilo que verificamos ao longo da história de nosso país com relação ao processo de participação política de nossa sociedade que, desde então, nos empurra para bem longe, conforme evidencia-se na seguinte reflexão:

> [...] podemos dizer que, historicamente, em todos os planos, acharam-se pretextos para excluir, por lei, os brasileiros da participação política: no campo cultural, por serem analfabetos; no do gênero, por serem mulheres; no econômico, por serem pobres e não ser proprietário; no social, por serem escravos [...] A mais nova exclusão já não necessita de uma lei escrita: trata-se de milhões de brasileiros que, por não terem emprego nem renda, estão automaticamente excluídos, de maneira silenciosa, mas implacável do mercado de consumo, seja de bens ou de serviços (BEOZZO, José Oscar. Cidadania e democracia no desafio pastoral. In: BEOZZO, José Oscar [org.]. *Curso de verão – Ano VII*. São Paulo: Paulinas/CESEP, 1993, p. 58 [Coleção Teologia Popular]).

Como desafio permanente, é fundamental que as escolas procurem explorar as diversas formas de ação política na sociedade, não as restringindo apenas aos pleitos eleitorais, como também ampliando e fortalecendo as iniciativas populares que propõem reformas no sistema político brasileiro. Não cabe às Igrejas e a qualquer outra instituição religiosa definir e determinar os destinos da sociedade, já que o direito de manifestação e intervenção, com a exposição de suas doutrinas e posicionamentos éticos, em favor da dignidade humana e da justiça social, deve ser considerado.

"Pai, perdoai porque eles não sabem o que fazem"

Emerson Ferreira da Costa

Introdução

"Pai, perdoai porque eles não sabem o que fazem."

Jesus Cristo

"Eles sabem muito bem o que estão fazendo, mas mesmo assim o fazem."

Peter Sloterdijk

Faremos uma reflexão que vai da alienação de significativa parcela de um povo à razão cínica daqueles que o representam.

"Brasil amado, não só porque seja minha pátria, pátria é acaso de migrações e do pão nosso onde Deus der", é com essa frase de Mário de Andrade que conclamamos o sentimento de amor por nosso país. Falta amor. Sobra ódio.

O Brasil vive sua maior crise, além do abismo social e do caos econômico, a política rendeu-se a práticas que fazem o brasileiro descrer que ela é eficaz, ou seja, vivemos a crise da esperança. Aquela mesma, que o senso comum acostumou-se a dizer que é "a última que morre". Ela está no cadafalso e com a corda no pescoço.

É, de fato, triste termos que fazer essa análise diária de como a sociedade tem se portado diante dos becos sem saída, que os oligarcas impõem.

A crise de esperança é sustentada por três fatores: a corrupção, o isolamento social e a incredulidade. Um está intimamente ligado ao outro, gerando um *modus operandi* do subjulgamento próprio, e tal ato culmina nas abstinências de participação da sociedade brasileira nos espaços de decisão.

A política está dominada por indivíduos populistas que não estão interessados em realizar as discussões com base no mérito, e, sim, no jargão, na maneira violenta de confrontos de ideias, onde o que vence é o interesse pessoal, e não o coletivo.

Isso é explicitado através da grave crise econômica que vivemos, fato que marginaliza os jovens, que representam a maioria dos desempregados, os pequenos empresários, que não podem investir, a agricultura familiar, que fica impossibilitada de procurar novos modos de crescimento, gerando sofrimento para a maioria das famílias nordestinas e baixa na produção de orgânicos. Enquanto isso, os que lá estão no poder propõem uma DESforma da Previdência, para que sejam retirados direitos dos trabalhadores, com o objetivo de sustentar o enriquecimento ilícito das grandes empresas.

Simbolicamente, tais problemas enfrentados pelo Brasil remetem à crise social, que está abrindo um abismo pela baixa qualidade da educação pública, pouca dinamização da economia local e por dados voláteis de geração de emprego e renda, em que as ideias não são debatidas com a população, mas impostas de cima para baixo.

Ou seja, tudo isso também é consequência da corrupção, passiva ou ativa, da lógica do "rouba mas faz", processo esse que se vem arrastando há décadas, mascarando os fatos e tornando os brasileiros reféns do banditismo político e do populismo massacrante, que se revela como alternativa do extremismo e da intolerância religiosa, sexual e racial.

A corrupção foi elevada ao estado da arte, transformou-se em um método, um verdadeiro sistema. A crise é profunda porque a corrupção, tal como ela foi desvelada pela Operação Lava-jato, mexeu com o imaginário popular, gerando grande desconforto por parte dos brasileiros, que, em 2013, resolveram se dispor à luta diante da evolução de uma conduta fragilizada, onde o "ter" supera o "ser", e o "eu" está acima do "nós".

Isso gerou isolamento social, desesperança e oportunismo político. O populismo ocupa espaço nas ruas e nas mídias. Muitos aplaudem os políticos que repetem os velhos jargões intolerantes, de que "bandido bom é bandido morto", de que os "quilombolas são preguiçosos" e até mesmo de que "um homossexual não tem NADA a oferecer", frases ditas por pessoas que se autoanunciam salvadoras da pátria.

Entretanto, admitindo que a pátria é uma construção de todos nós, não haverá salvadores e muito menos centralizadores do poder, pois são eles os expoentes da dor, pois sempre diminuíram, em várias ocasiões, as mais diversas camadas da sociedade, se revelaram oportunistas e agora novamente aparecem com ideias pragmáticas para acender a pólvora do desrespeito a nossa diversidade.

Precisamos sair da zona de conforto, abrir nossos ouvidos para que a multicultura do Brasil fale mais alto do que nosso ego ou nossas convicções religiosas, pois nosso país é muito maior do que qualquer intolerância.

Precisamos exercer a autonomia de nos conhecermos como cidadãos livres e capazes de reverter a situação que ora presenciamos.

Mas essa autonomia deve ser exercida em comunhão.

Não a autonomia do eu comigo mesmo, conforme acontece na sociedade anômica que vivenciamos, descrita como "sociedade líquida", por Zygmunt Bauman. Mas a autonomia do eu com o outro, o eu do Cristianismo.

O "eu-nós" composto de muitas pessoas, plural, todos em essência humana, bio, social e psicologicamente falando. Porque cada um de nós nasce aculturado e vai moldando suas convicções ideológicas, sendo necessário, antes de mais nada, entender que o respeito à individualidade deve ser a primazia de tudo, observando no outro o que somos no âmago: humanos e diferentes, únicos, irrepetíveis.

Isso nos leva à comunhão que devemos resgatar dentro de nós, como fio condutor de nossa independência de pensar respeitando o outro e com o outro, pois estender a mão ao próximo significa sintonia de sentimentos, de modo de pensar e de agir.

Como nascemos sem tais formações, nossa autonomia nos garante a liberdade de nos conduzirmos segundo nossos princípios e valores culturais, enquanto seres sociáveis por natureza, de modo que possamos evoluir da possibilidade da barbárie, da intolerância, para a TOLERÂNCIA, pois, ao absorvermos que ninguém é melhor ou pior por suas condições e escolhas, desenvolvemos o RECONHECIMENTO, aspecto cognitivo indispensável para a maturidade e formação do ser ético, capaz de perceber e tomar para si o respeito pleno com relações às decisões externas a seu ciclo de controle.

Assentir o outro como uma metade do mundo, compreendendo que não somos ilhas e que precisamos dar as mãos para vencer os ataques diários aos sonhos da sociedade brasileira, unida e fortalecida pelo AMOR por nossos familiares, por nossos amigos, mas principalmente pela nossa pátria.

Amar é algo tão profundo quanto possamos dissertar, mas o afeto incalculável e incondicional por uma causa deve ser chamado assim. Amar o próximo significa abraçá-lo como é, por sabermos que, independentemente da força e inteligência de um ser humano, isso não supera a inteligência de todos os outros, e por compreendermos que amar é a mais bela expressão e fagulha de Deus dentro de nós. E amar é a obra perante a qual todas as outras não passam de mera preparação.

É importante saber que onde o amor impera, não há sede de poder, e onde o poder exclusivamente domina, há falta de amor.

Não podemos moldar o outro a nossa imagem, caso contrário, amaríamos apenas o reflexo de nós mesmos.

Jesus, o maior dos combatentes, disse: "amais uns aos outros como eu vos tenho amado", não que tal atitude seja algo fácil, mas é prioritária para que se possa combater a corrupção e o ódio, estando além da política partidária, e levando isso para dentro de nossas casas, nossos ciclos de amigos, nosso ambiente de trabalho, conforme nos orienta o Papa Francisco.

Todos os dias, observamos casos de cidadãos que vivem à parte, isolados do amor ao outro: indivíduos que cobram por consertos inexistentes, superfaturam preços, falsificam documentos e assinaturas, passam à frente de outros na fila, estacionam em vagas de deficientes, só para citar os casos mais comuns, o que tende a naturalizar ao invés de combater a base da corrupção, que é fomentada pela desinformação, pelas grandes estruturas de poder, pela propina, pelo tráfico de influências e pelo julgamento de pessoas que fazem escolhas diferentes das nossas, ou até mesmo daquelas que condicionalmente são diferentes de nós.

Esse isolamento cívico vai diretamente contra o que Aristóteles afirmou: "Somos seres sociáveis e políticos por natureza". Ora, mas por quê? É simples: tal retração nos deixa incrédulos, constrangidos em nos vermos no outro, e sem unidade não há reversão dos fatores políticos.

Se quisermos reestruturar o sistema, precisamos ser sociáveis e não monofásicos com tudo e todos.

É compreensível que ver o país nas mãos de irresponsáveis do setor público nos deixa à margem de toda discussão e nos faz criar uma barreira que prefere ignorar a continuar tentando, ainda que cansados. Mas, talvez, seja melhor continuar a empenhar-se do que entrar para a história como: "aqueles que não tentaram", a fé na possibilidade de vencermos precisa ser estimulada diariamente.

A incredulidade nos que não nos representam está firmada nas pesquisas, que indicam que boa parte da população não sabe em quem votar, ou não vai votar, mas a importância dessa insatisfação está alicerçada no fato de que nossa indignação precisa ser maior do que nossa omissão.

Santo Agostinho, nosso querido teólogo dos primeiros anos do Cristianismo, nos evoca a refletir tendo como amparo a aversão por dois sentimentos: a esperança e a coragem. Dizia ele: "A esperança tem duas filhas lindas, a indignação e a coragem, a indignação nos ensina a não aceitar as coisas como são e a coragem a mudá-las", sendo assim, a esperança faz a vida reviver de forma digna, para que estejamos além da corrupção, do isolamento social e da indisposição.

A esperança não pode ser sufocada pela crise que os falsos representantes, atuantes da velha política, querem nos impor. É importante termos fé de que futuramente será dito: a crise de 2017 selou o fim do sistema político brasileiro da forma como ele funcionava até então. Promoveu a mudança da democracia representativa, de baixa intensidade, para uma democracia participativa.

É preciso superar a falta de capacidade para conviver de forma cidadã, esse povo, que apostou no Estado para lhe ditar regras precisas, promover o seu bem-estar, percebe-se agora sem chão, ao enxergar o próprio reflexo no espelho enlameado do Governo. Mas a história é pedagógica ao dizer que os países não se suicidam.

Quando a gente pensa que está no mais profundo abismo, na escuridão total, a luz começa a aparecer, e é aí que entra o ativismo autoral, aquele que pesquisa a verdade, que exalta os bons feitos e reconhece os erros e não sacraliza pessoas, que sai da zona de conforto, que entende que seus representantes precisam ser pessoas de trajetória digna, que falem das necessidades de seu povo e que as conheçam, uma vez que fazem parte desse povo. Esse ativismo será o grande responsável por retirar dos políticos sujos, intolerantes e populistas, a garra de nos arrancar aquilo que corre em nossa alma: a ESPERANÇA.

O cristão leigo e leiga
e os desafios do trabalho hoje

Marco André Dias Cantanhede

O trabalho que temos hoje

O trabalho é um tema fundamental no mundo contemporâneo. As pessoas que nasceram a partir do século XIX e XX, possuem uma relação intrínseca com a questão profissional e o trabalho. Desde pequenos, escutamos em nossa família a seguinte pergunta: "O que você vai ser quando crescer?", o que revela a importância cultural de pensar sobre uma profissão desde a infância.

Na história da humanidade, nem sempre o trabalho, ou a escolha de uma profissão, foi o centro da preocupação. No período da escravidão, por exemplo, era diferente, pois, aos escravos, era negada qualquer possibilidade de escolha, sendo considerados seres humanos desprovidos de liberdade e que tinham apenas como dever a obediência. Outro exemplo é o período feudal, há mais ou menos uns oitocentos anos, em que um indivíduo nascia dentro de um feudo e recebia a proteção do senhor feudal para dar continuidade aos afazeres da família. Assim, se a família lidava com agricultura, provavelmente esse indivíduo teria que dar continuidade ao modo de vida familiar, ou, se lidasse com couro, eram grandes as chances de os filhos trabalharem nesse ramo, e assim por diante. Existiram, ainda, períodos em que as pessoas se organizavam em pequenas vilas, ou comunidades, onde as atividades eram divididas entre os membros, tendo por objetivo o cuidado e o sustento da comunidade.

O trabalho e a profissão do modo como os conhecemos hoje, começaram a se configurar através de um conjunto de situações históricas, que teve o continente europeu como centro, a partir de 1400 d.C. Alguns exemplos desse processo de mudança são: a ascensão de uma sociedade burguesa, as grandes navegações, os períodos da Renascença e do Iluminismo, a Reforma Protestante, o comércio entre as nações, a Revolução Industrial, o desenvolvimento da ciência, o desenvolvimento das grandes cidades e a consolidação do sistema econômico político que chamamos de capitalismo.

Esse longo período histórico foi sendo também pensado e construído, em base teórica, por vários pensadores. Seria muito difícil desvincular todo o conjunto de construção histórica e pensamento ocidental da atualidade sem citar alguns poucos pensadores como Descartes, que está na gênese da ideia de ser humano como indivíduo ou "coisa pensante". A partir de Descartes, vários pensadores como Hobbes (1588-1679), Berkeley (1685-1753), Locke (1632-1704) e muitos outros, desenvolveram teorias sobre o papel social do ser humano, sobre Deus e sobre a religião. Locke, por exemplo, afirmou que o direito do homem é limitado à própria pessoa, sendo, assim, um direito à vida, à liberdade e à propriedade, este último como produto do seu trabalho.

Atualmente, o capitalismo é o sistema econômico, político e ideológico que comanda o planeta. Nesse sistema, a base para o sustento mínimo da pessoa humana está em possuir renda, ou dinheiro. Para a esmagadora maioria da população do Brasil e do mundo, a única possibilidade de isso se realizar é através do trabalho. O ser humano só é capaz de se alimentar, se locomover, ter segurança, ter propriedade e ter cultura, se for capaz de trabalhar e, assim, ter uma fonte de renda. Com isso, pode-se observar quão grande importância o trabalho e a profissão têm para a dignidade humana, para o sustento da vida e para a liberdade do indivíduo e coletiva.

A questão do trabalho, e tudo que está a sua volta, é fundamental também para o Cristianismo. O cristão leigo impacta e é impactado por essa questão. As condições econômicas, sociais e políticas relacionadas ao trabalho são determinantes para a condição de vida desse indivíduo, e não somente deste, mas também de todo o conjunto da sociedade. O trabalho é que determinará como será a moradia, a alimentação, ou seja, quais serão as condições mínimas materiais para que uma família tenha acesso à saúde, à educação, e, também, para que possa adquirir cultura e dignidade.

O cristão é aquele que caminha para uma "pátria futura" e vive a esperança da ressurreição, mas que também não descuida das condições contemporâneas da vida humana. A Igreja, como comunidade de cristãos, compreende o seu papel no mundo e na história e participa ativamente do debate e da construção de uma sociedade mais adequada para a vida humana.

O Papa Leão XIII, em 1891, escreveu a encíclica *Rerum Novarum*, que significa "Das coisas novas", para tratar da condição dos operários e da precariedade do trabalho naquele tempo. No final do século XIX, nos grandes centros industriais, as jornadas de trabalho eram de aproximadamente dezesseis horas diárias e de sete dias por semana para homens e mulheres, não existia restrição ao trabalho infantil, a renda era baixíssima e a vida do trabalhador era praticamente toda consumida dentro das fábricas. Nesse contexto, o Papa Leão XIII escreveu no n. 10 da *Rerum Novarum*:

> Quanto aos ricos e aos patrões, não devem tratar o operário como escravo, mas respeitar nele a dignidade do homem, realçada ainda pela do cristão. O trabalho do corpo, pelo testemunho comum da razão e da filosofia cristã, longe de ser um objeto de vergonha, honra o homem, porque lhe fornece um nobre meio de sustentar a sua vida. O que é vergonhoso e desumano é usar dos homens como de vis instrumentos de lucro, e não os estimar senão na proporção do vigor dos

seus braços. O Cristianismo, além disso, prescreve que se tenha em consideração os interesses espirituais do operário e o bem da sua alma. Aos patrões compete velar para que a isto seja dada plena satisfação, para que o operário não seja entregue à sedução e às solicitações corruptoras, que nada venha enfraquecer o espírito de família nem os hábitos de economia. Proíbe também aos patrões que imponham aos seus subordinados um trabalho superior às suas forças ou em desarmonia com a sua idade ou o seu sexo.

O Papa Leão XIII começou o parágrafo acima fazendo uma relação do operário com o escravo, pois era realmente essa a condição de trabalho que existia no final do século XIX. A relação era entre necessitados e donos de produção, e não entre homens e mulheres profissionais que trocavam parte de seu tempo pela conquista de uma renda justa, gerando, assim, vida de um lado e retorno monetário de outro. A encíclica é muito rica, dura e importante para mostrar exatamente o olhar e responsabilidade do cristão com a condição humana.

O trabalho mudou de maneira impressionante se compararmos hoje com o que ocorria no final do século XIX. O mundo também não é mais o mesmo. O ser humano foi capaz de gerar inovações inimagináveis, tivemos o desenvolvimento da química, da indústria alimentícia, automobilística, eletrônica, da microinformática, das comunicações e da tecnologia da informação. Milhares de profissões foram criadas, e a sociedade se organizou através de especialidades técnicas. Os principais Estados (países) do mundo são democracias capitalistas com algum nível de regulação sobre as condições do trabalho.

Quais são as questões atuais do trabalho? Será que os trabalhadores e trabalhadoras estão livres do risco de terem suas condições de trabalho assemelhadas às que existiam no período da escravidão? O "espírito" de exploração do início do século XIX não existe mais?

Quais são as possibilidades de atuação do cristão leigo e leiga dentro das democracias capitalistas, principalmente no Brasil? Quais são os principais riscos ao trabalho e ao trabalhador hoje?

Talvez seja impossível responder a todas as questões levantadas, mas é factível debater um pouco sobre as dúvidas e inquietações trazidas por elas. Para isso, serão tratados temas relacionados ao mundo do trabalho hoje e ao cristão: o trabalho como identidade e a organização dos trabalhadores.

O trabalho como identidade e dignidade

Já há algum tempo o trabalho faz parte da identidade do homem e da mulher. Quando se conhece alguém, provavelmente, umas das primeiras perguntas é sobre o nome e, logo em seguida, sobre sua profissão. O ser produtivo, o ter profissão são importantes para na hora de se relacionar com uma pessoa. É um fazer relevante de identidade.

Mas é importante saber que nem sempre foi assim, pois existiram períodos da história em que, para compor a identidade de uma pessoa, era lhe perguntado de qual família ela provinha, qual era seu sobrenome, ou, também, de qual região ou local se originava. Jesus ficou muito mais conhecido e identificado como Jesus de Nazaré, nome da cidade de seu nascimento, do que como Jesus, o Carpinteiro, que era a profissão de seu pai e que, provavelmente, deve ter sido a sua também.

A primeira questão importante de ter o trabalho como identidade é que o ser humano é valorizado somente quando é produtivo. Isso fica claro nos discursos de algumas pessoas de destaque político e econômico em nosso país. Dessa forma, o jovem é considerado um problema enquanto não começa a produzir (não ingressa no mercado de trabalho), cria-se certa "áurea" de desconfiança sobre ele, e surge a pergunta: "Esse jovem vai ser alguém?". Esse ser alguém está relacionado com o fato de estar produzindo, de fazer parte do mercado de trabalho. Normalmente, o jovem acaba assumindo a identidade de "estudante". Com o idoso, que também está fora do ciclo produtivo, a situação é ainda mais cruel, pois ele cada vez mais é descartado e visto como um peso para o restante da sociedade, porque ele não produz mais, ao contrário, consome dinheiro do Estado através da aposentadoria, e o cidadão produtivo é que tem que "carregá-lo". Não se constrói minimamente a consciência de que quem já produziu (trabalhou) também já fez bastante pela contemporaneidade.

O Documento de Aparecida, resultado da V Conferência Geral do Episcopado Latino-americano e do Caribe, realizada em 2007, no item n. 448, lembra que a Palavra de Deus nos desafia de muitas maneiras a respeitar e valorizar os mais idosos e anciãos, faz o convite a que todos possam aprender com eles e os acompanhem nesse período da vida que, às vezes, é de fragilidade e solidão. Os bispos ainda denunciam que os idosos são esquecidos ou descuidados pela sociedade e até pelos próprios familiares. A escrita dos bispos lembra que cada cristão leigo e leiga deve atuar em sua família, no seu local de trabalho e na sociedade para que o jovem e o idoso sejam valorizados por serem pessoas e não por uma questão temporal de capacidade produtiva. O cristão é chamado a valorizar e cuidar do idoso dentro da sua família. Um exemplo disso é buscar escutar e aprender com sua sabedoria de vida, sem confundir conhecimento tecnológico com conhecimento de vida. Se a questão for material, encontrar maneiras para que esse idoso não tenha que perecer na velhice, após uma vida inteira de trabalho e dedicação.

Contudo, o cristão leigo e leiga é chamado também a mudar essa lógica na sociedade, propondo leis que protejam o jovem e o idoso (os "não produtivos"), participando dos Conselhos Paritários de Cidadania, por exemplo, e, enfim, lutando pela valorização da pessoa humana.

A segunda questão do trabalho como identidade está centrada no fato de que no sistema econômico político atual não existe trabalho para todos. Não faz parte da constituição do capitalismo gerar emprego para todos. Com isso, entramos em um ciclo complexo e desafiador, pois se, nas democracias capitalistas, a única maneira de ter alimento, moradia, cultura e dignidade é trocando parte do seu tempo (trabalho) por dinheiro, o fato de não existir trabalho para todos faz com que alguns não possam ter uma vida plena. A problemática aumenta quando os seres humanos percebem isso e começam a competir uns com os outros para obtenção de um lugar no mercado de trabalho, e essa competição acaba sendo pela sobrevivência e não apenas pela profissão. Nesse sentido também, em algumas áreas (mercados de trabalho), a concorrência entre as pessoas faz com que os salários sejam cada vez mais baixos, proporcionando ao ser humano o seu sustento, mas não uma vida digna e plena. Isso pode ser observado principalmente nas profissões que requerem menor instrução. Às vezes, isso não é percebido pela maioria das pessoas, pois, atualmente, existe uma diversificação muito grande de profissões e variações de trabalho, contudo, essa diversificação não significa que exista trabalho para todos e trabalho digno para todos.

No Documento de Aparecida, item n. 120, os bispos afirmaram, de maneira clara e contundente, a importância do trabalho na contemporaneidade:

> O trabalho não é um mero apêndice da vida, mas constitui uma dimensão fundamental da existência do homem na terra, pela qual o homem e a mulher se realizam como seres humanos. O trabalho garante a dignidade e a liberdade do homem, e é provavelmente a chave essencial de toda a questão social.

O trabalho, o estar no seio da sociedade e formar família são missões claras e constitutivas do cristão leigo. O cristão leigo é aquele que trabalha. Portanto, pensar e lutar pelo trabalho para todos e por um trabalho digno é um dever supremo, pois, conforme afirmaram os bispos no Documento de Aparecida, constitui uma dimensão fundamental da existência do homem na terra.

O cristão leigo é chamado a não somente trabalhar e competir por um espaço no mercado de trabalho, mas a encontrar maneiras de mudar as estruturas injustas que não garantem trabalho para todos e trabalho digno para todos. Os desafios são inúmeros, pois qualquer debate ou ação nesse ponto fazem com que o cristão confronte a organização econômica e política do sistema atual. As pessoas que lideram e promovem esse sistema tentaram convencer a todos de que a competição entre seres humanos traz produtividade, que a culpa pela falta de emprego é do indivíduo, que não se esforçou o suficiente, e, ainda, mais cruel, tentará convencer a todos de que qualquer ajuda para que uma pessoa tenha dignidade (alimento e moradia) atrapalha o processo de desenvolvimento econômico e social do país. Existe um grupo de indivíduos que, infelizmente, combate qualquer ideia de debate sobre a condição do trabalho e rotula as pessoas que tentam discutir essa questão. No Brasil atual, o rótulo mais comumente usado é: comunista, socialista, cubano e qualquer outra palavra que tente identificar a pessoa com regimes políticos que não tiveram sucesso recente, ou, ainda, busca-se convencer a todos que essa condição de trabalho é a natural, como se fosse criada pela natureza. O cristão tem que estar muito atento para não esquecer o Evangelho, o Deus criador e amoroso, e, também, as palavras anteriores dos bispos em relação à dignidade e liberdade do ser humano.

O cristão não deve ter receio de debater a questão do trabalho dentro da Igreja, pois ela é fundamental para a vida, e, sendo assim, deveria fazer parte das reflexões e ações em comunidade. É o cristão leigo que trabalha, que sofre com a falta de emprego, que é prejudicado também com o trabalho indigno que deve trazer esse debate para dentro da comunidade. Os textos bíblicos, a oração e a vida em comunidade devem iluminar o pensamento e a ação do cristão no dia a dia do trabalho.

O cristão leigo tem cada vez mais participado da vida comunitária com interesses meramente individuais, pensando principalmente em sua necessidade, em seu bem-estar social, e menos nas questões comunitárias e do próximo. É como se a participação individual fosse mais para satisfazer uma necessidade de Deus e atender a um chamado individual, do que para viver em comunidade, compor com o outro, ir para ouvir a partilha do outro e, também, partilhar seus sofrimentos e suas alegrias. O Papa Francisco, na exortação apostólica *Evangelii Gaudium* de 2013, afirma que todos os cristãos são impactados pelo influxo da cultura globalizada atual e que essa cultura também limita e condiciona a todos, e detalha no item n. 77:

> Os cristãos devem criar lugares para regenerar a fé em Jesus crucificado e ressuscitado, onde possam compartilhar as próprias questões mais profundas e as preocupações cotidianas, onde discernir em profundidade e com critérios evangélicos sobre a própria existência e experiência, com o objetivo de orientar para o bem e a beleza as próprias opções individuais e sociais.

Esse lugar que o Papa Francisco pede que seja criado é a vida em comunidade. O objetivo neste texto não é aprofundar a reflexão sobre a estrutura e organização da Igreja, mas apenas apontar rapidamente que a estrutura da Igreja existente pode ser um ponto de apoio importante para conscientização, consolo e organização dos cristãos leigos e leigas para pensar o trabalho. Infelizmente, ainda se vê uma organização paroquial muito centrada nas decisões do padre, ou do pároco. Mas como é que a comunidade pode ser o lugar para compartilhar as questões mais profundas e as preocupações cotidianas, se ela está quase sempre na "mão" de uma pessoa? Como criar um espaço de reflexão sobre o mundo do trabalho dentro da paróquia, sendo que o pároco não está inserido nele? O cristão leigo deve participar da vida da comunidade como sujeito e influenciador dos espaços e decisões. O pároco deve ser um líder atento às necessidades da comunidade ante os desafios do mundo, deve deixar que os desafios do mundo entrem na comunidade através dos cristãos leigos e leigas. E ele deve fazer a ponte entre os desafios do mundo e o Evangelho, assim como a comunidade deve fazer a ponte entre as reflexões em comunidade e a realidade do mundo, gerando assim novas atitudes e ações individuais e coletivas.

A organização dos trabalhadores

Falar sobre viver em comunidade e estar em comunidade provavelmente são temas agradáveis e bem-aceitos pelos cristãos. Mas falar em organização dos trabalhadores já causa preocupação e receio na maioria das pessoas. Essa visão negativa sobre a organização também não deixa de ser uma ideia construída pelo sistema econômico e político atual.

Não se pode negar também que as organizações vigentes dos trabalhadores, como sindicados, associações e partidos políticos, estão com adesão limitada, atuação enrijecida e estrutura envelhecida, sem falar da corrupção, que é inerente ao sistema econômico e político atual. Mas é exatamente esse conjunto de problemas que deveriam atrair o cristão leigo, pois este não irá encontrar uma estrutura sadia, que funcione normalmente, bastando apenas chegar e manter o ritmo, muito pelo contrário, o mundo atual pede que o cristão se insira exatamente no conjunto de dificuldades, para que, com a sua conduta, a sua experiência de vida comunitária e esperança, possa contribuir com o momento presente.

A democracia capitalista funciona através do conjunto de forças, classes e setores que se organizam em representatividade para defender interesses coletivos. Os trabalhadores também tomam parte nesse conjunto de forças e devem se organizar para, assim, participar efetivamente das decisões políticas e econômicas do país e do mundo. É importante ter consciência disso para não cairmos na armadilha, que, às vezes, é criada por um grupo pequeno de pessoas, na tentativa de nos convencer de que qualquer organização de trabalhadores é ruim para o desenvolvimento do livre-comércio, gera burocracia e atrapalha a criação de empregos. O Papa Francisco nos alerta sobre a perversidade do sistema capitalista atual nos n. 55, 56 e 57 da *Evangelii Gaudium:*

> 55. Uma das causas desta situação está na relação estabelecida com o dinheiro, porque aceitamos pacificamente o seu domínio sobre nós e as nossas sociedades. A crise financeira que atravessamos faz-nos esquecer que, na sua origem, há uma crise antropológica profunda: a negação da primazia do ser humano. [...] A crise mundial, que investe as finanças e a economia, põe a descoberto os seus próprios desequilíbrios e, sobretudo, a grave carência duma orientação antropológica que reduz o ser humano apenas a uma das suas necessidades: o consumo.
>
> 56. [...] Tal desequilíbrio provém de ideologias que defendem a autonomia absoluta dos mercados e a especulação financeira. Por isso, negam o direito de controle dos Estados, encarregados de velar pela tutela do bem comum. Instaura-se uma nova tirania invisível, às vezes virtual, que impõe, de forma unilateral e implacável, as suas leis e as suas regras. [...]
>
> 57. Por detrás desta atitude, escondem-se a rejeição da ética e a recusa de Deus. Para a ética, olha-se habitualmente com um certo desprezo sarcástico; é considerada contraproducente, demasiado humana, porque relativiza o dinheiro e o poder. É sentida como uma ameaça, porque condena a manipulação e degradação da pessoa. [...]

O Papa Francisco é duro com o sistema econômico e político atual e ilumina diretamente as suas contradições. O ser humano deixou de ser o centro da organização social, dando lugar ao dinheiro. O papa menciona que o sistema atual é construído através de uma ideia de autonomia dos mercados e reforça a importância do controle pelos Estados. Este último ponto é muito importante, pois, com certeza, o controle pelos Estados traz alguns problemas, como, por exemplo a corrupção e a burocracia, mas, de alguma maneira, a população consegue participar da estrutura do Estado através da representatividade e organização. Já o "mercado", quem controla? Quem vota? Quem influencia? Na verdade, o mercado é composto por um grupo pequeno de multibilionários com interesses individuais.

Os cristãos leigos e leigas já participam, mas devem voltar a fazê-lo em maior número, de maneira mais efetiva e democrática, nos espaços existentes para organização dos trabalhadores. O sindicato é um espaço fundamental de participação e que necessita de certa renovação em seus métodos de organização, e o cristão deve estar nesse espaço em conjunto com o não cristão, para defender minimamente a dignidade do trabalho e, assim, a condição de vida humana no mundo atual.

A Pastoral Operária é uma forma de organização essencial para a evangelização em nossa sociedade e traz reflexões importantes sobre o trabalhador hoje, mas que também tem sofrido com a necessidade de renovação. As profissões mudaram muito nas últimas décadas, as áreas de serviços e o comércio ganharam muito espaço na massa de trabalhadores.

Os cristãos leigos e leigas têm dentro da Pastoral Operária muitos anos de experiência, de processo de reflexão sobre o trabalho, de atuação direta e transformações, sendo esse um lugar privilegiado de participação e organização para pensar o mundo do trabalho hoje, pensar em formas de evangelização e produção de dignidade para o trabalhador.

O mundo atual pede também que o cristão crie novas formas de organização dos trabalhadores para a reflexão e ação. O uso da tecnologia e das redes sociais é um bom caminho, mas o desafio está em pensar numa nova maneira de organização dos trabalhadores que, de alguma maneira, possa influenciar de um "modo" novo a vida das pessoas e a democracia capitalista, a ponto de garantir a dignidade no trabalho por mais algum tempo.

Retomando o tema da democracia capitalista, não existirá nenhum progresso nas questões do trabalho, caso não exista organização dos trabalhadores. Os países que avançam no liberalismo e na globalização tendem a ter como primeira ação a desregulamentação das organizações dos trabalhadores, como, por exemplo: o sindicato.

Conclusão

O trabalho, como o conhecemos hoje, é fruto da construção humana ao longo da história. É resultado de interesses e disputas entre grupos pelo uso da mão de obra humana com o objetivo de produzir.

O indivíduo precisa trabalhar para obter renda e sobreviver no sistema econômico e político atual. Sem trabalho não há comida, não há moradia, não há bens e dignidade. Contudo, o sistema de vida atual não gera capacidade de trabalho para todos, e isso é usado para gerar competição e, como fator importante, para controlar a renda do trabalhador. E trabalhar com uma renda muito baixa tampouco gera dignidade.

Os cristãos leigos e leigas inseridos nesse contexto social são chamados, por sua fé, a modificar as realidades, a fim de que todos tenham vida plena e em abundância. O trabalho digno e para todos é uma forma fundamental para que a vida plena possa se dar nesse plano. Diferentemente do que é proposto no mundo globalizado da atualidade, o cristão é instigado a não responder ao chamado de maneira individual, mas sim dentro de uma coletividade, dentro de uma comunidade, vivendo o cotidiano dentro dessa comunidade para, através dela, partilhar e criar maneiras de participação dentro das organizações das democracias capitalistas. O Papa Francisco lembra o que é o cristão e como ele deve atuar no n. 268 da *Evangelii Gaudium:*

> A Palavra de Deus convida-nos também a reconhecer que somos povo: "Vós que outrora não éreis um povo, agora sois povo de Deus" (1Pd 2,10). Para ser evangelizadores com espírito, é preciso também desenvolver o prazer espiritual de estar próximo da vida das pessoas, até chegar a descobrir que isto se torna fonte duma alegria superior. A missão é uma paixão por Jesus, e simultaneamente uma paixão pelo seu povo. Quando paramos diante de Jesus crucificado, reconhecemos todo o seu amor que nos dignifica e sustenta, mas lá também, se não formos cegos, começamos a perceber que este olhar de Jesus se alonga e dirige, cheio de afeto e ardor, a todo o seu povo. Lá descobrimos novamente que ele quer servir-se de nós para chegar cada vez mais perto do seu povo amado. Toma-nos do meio do povo e envia-nos ao povo, de tal modo que a nossa identidade não se compreende sem esta pertença.

Evangelizar uma estrutura não é pregar o Evangelho apenas, mas sim colocar a vida dentro de algo, de forma que esse algo seja renovado e produza justiça pelo encontro das várias vidas.

Mandamentos políticos
do cristão

1. A opção política do cristão se faz no horizonte do Reino de Deus inaugurado por Jesus Cristo, presente no meio de nós e estendido para além do tempo e do espaço atuais e vindo a se concluir no plano consumado de salvação de Deus.

2. O Reino de Deus é um projeto de vida para a humanidade: justiça e paz, solidariedade e comunhão entre as pessoas, entre as pessoas e a natureza e com Deus, numa palavra: vida para todos.

3. O Reino de Deus não se reduz a nenhuma conjuntura histórica, mas constitui uma reserva inesgotável de valores, da qual cada cristão retira sempre indicações e forças para caminhar na história.

4. O Reino oferece rumos e valores que vão sendo traduzidos em projetos históricos concretos que geram vida: projetos econômicos, sociais, políticos, ecológicos que constroem a vida comum dos filhos do mesmo Pai.

5. O Reino é sempre germinador de vida nova, como graça de Deus oferecida à humanidade e como tarefa para aqueles que o acolhem como caminho, verdade e vida.

6. Para o cristão, a ação política não é uma ação individual nem tradicional, mas uma ação comprometida com os valores do Reino.

7. Os valores do Reino renovam a ação política do cristão em cada tempo e lugar, permitindo a cada qual criticar as conjunturas

presentes e avançar para a sociedade mais perfeita, ainda que seja inconclusa.

8. Na perspectiva do Reino, o cristão tem sempre esperança de dias melhores, fé de que toda boa ação semeia o Reino, mesmo que de forma invisível.

9. A ação política por meio do voto é uma escolha que o cristão faz não para si mesmo, mas pelo bem comum.

10. O voto é um ato de discernimento que busca renovar a sociedade e renega tudo o que for privilégio de uma classe social, de um indivíduo ou de um grupo qualquer.

11. No discernimento é preciso ir além do candidato e de seus discursos e conhecer o projeto político do mesmo para o conjunto da sociedade.

12. O cristão que faz o discernimento não vota sem conhecer a vida e os projetos dos candidatos.

13. O voto é dado a partir da esperança e não da desesperança ou do desespero, da fraternidade e não do interesse próprio, da consciência e não da ignorância.

14. O discernimento político exige ir além dos discursos veiculados nas campanhas midiáticas e conhecer a história do candidato e sua atuação em favor da justiça social e da vida de todos.

15. A ação do cristão que vai para o mundo da política é a de procurar construir o bem comum.

16. O agir cristão na política tem como instrumentos indispensáveis, além da Palavra de Deus, a palavra da Igreja, através, principalmente, da Doutrina Social da Igreja.

17. O cristão não faz política no individualismo, mas sempre em conjunto com outros cristãos que buscam sempre completar suas palavras e atos, e ajudam-no a agir sempre no melhor caminho.

Sobre os autores

CARLOS F. SIGNORELLI – graduação em Matemática e mestrado em Filosofia do Urbanismo. Vereador por 20 anos, presidente do CNLB de 2004 a 2010, pertence à Rede de Assessores do CEFEP.

DANIEL SEIDEL – cristão leigo, mestre em Ciência Política. É membro da Comissão Brasileira Justiça e Paz da CNBB e da Comissão Especial para o Ano do Laicato. Integra a Equipe de Análise de Conjuntura da CNBB, a Executiva Nacional das Pastorais Sociais da CNBB, a Comissão de Fé e Política do Conselho Nacional de Leigos do Brasil (CNLB).

EMERSON FERREIRA DA COSTA – graduado em Medicina pela Universidade Federal do Sergipe, mestrado em Ciências pela Universidade Federal do Rio de Janeiro, e doutorado em Microbiologia e Imunologia pela Universidade Federal de São Paulo. Professor associado-doutor, da Universidade Federal de Sergipe, Serviço de Dermatologia – HU, aposentado. Atualmente é professor voluntário do Serviço de Dermatologia do HU.

IZALENE TIENE – professora universitária, ex-prefeita do município de Campinas, SP (2001-2004), missionária na Amazônia desde 2012.

LUIZ ANTONIO FERNANDES NETO – curso incompleto em Filosofia (PUCC) em 1986/1987; formado em Ciências Contábeis (PUCC) em 1993, em Ciências Jurídicas e Sociais (PUCC) em 1998; pós-graduado (*lato sensu*) (Unisal) em Direito e Processo do Trabalho.

LUIZ HENRIQUE FERFOGLIA HONÓRIO – especialista em Fé e Política para Cristãos Leigos, bacharel em Administração de Empresas. Vice-presidente do Conselho Nacional do Regional Sul 1 da CNBB, professor-tutor da PUC-Rio, membro da Rede de Assessores do Centro Nacional de Fé e Política "Dom Helder Camara".

MARCO ANDRÉ DIAS CANTANHEDE – bacharel em Análise de Sistemas pela PUC Campinas e mestre em Tecnologia e Inovação pela Unicamp. Presidente do CNLB da Arq. Campinas e membro da Comissão de Fé e Política do CNLB Sul 1.

MARILZA JOSÉ LOPES SCHUINA – professora pedagoga – UFMT, pós-graduada em Avaliação Educacional – UFMT. Presidente do CNLB.

RODOLFO MEDINA – licenciado em Filosofia. Professor efetivo do Estado de São Paulo.

Impresso na gráfica da
Pia Sociedade Filhas de São Paulo
Via Raposo Tavares, km 19,145
05577-300 - São Paulo, SP - Brasil - 2018